农村承包土地的经营权抵押贷款（试点）工作指南

——以新田县为例

NONGCUN CHENGBAO TUDI DE JINGYINGQUAN DIYA DAIKUAN (SHIDIAN) GONGZUO ZHINAN
——YI XINTIANXIAN WEILI

《农村承包土地的经营权抵押贷款（试点）工作指南》编写组 编

中国农业出版社
北 京

图书在版编目（CIP）数据

农村承包土地的经营权抵押贷款（试点）工作指南：以新田县为例 / 《农村承包土地的经营权抵押贷款（试点）工作指南》编写组编. — 北京 ：中国农业出版社，2019.4

ISBN 978-7-109-25311-7

Ⅰ. ①农… Ⅱ. ①农… Ⅲ. ①农村－土地承包制－产权－抵押贷款－新田县－指南 Ⅳ. ①F321.1-62

中国版本图书馆CIP数据核字(2019)第043252号

中国农业出版社出版
（北京市朝阳区麦子店街18号楼）
（邮政编码 100125）
责任编辑 刁乾超 张凌云

中农印务有限公司印刷 新华书店北京发行所发行
2019年4月第1版 2019年4月北京第1次印刷

开本：700mm×1000mm 1/16 印张：11.75
字数：230 千字
定价：88.00 元

PREFACE 序

新田县位于湖南省南部、永州市东部，国土面积1 022.4平方公里，辖12个乡镇230个行政村（社区），总人口44.65万人，是革命老区县、国家扶贫开发工作重点县。

20世纪60年代末，新田人民曾因大办水利、改天换地的壮举，赢得了一代伟人毛泽东“南有新田”的崇高赞誉。从此“南有新田”这一赞誉就成为新田的地域名片和激励新田广大干部群众团结奋斗的宝贵精神。近年来，在“南有新田”精神鼓舞下，全县上下团结一心、攻坚克难，坚持以“脱贫攻坚”统揽经济社会发展，深入实施“产业提质、城镇带动、生态优先、民生为本”战略，发展成果有目共睹。新田县成功创建国家卫生县城、全国电子商务进农村综合示范县、全国家政扶贫试点县、湖南省平安县、湖南省文明县城、湖南省园林县城，全面小康实现程度达91.8%，有望连续四年获得湖南省全面建成小康工作先进县。

新田虽然基础薄弱、资源相对匮乏，但“硒”元素却是大自然给予新田最宝贵的馈赠。新田富硒土壤面积大，达615平方公里，占全县总面积的60.18%；富硒地层较厚，土壤中硒含量0.4毫克/千克，最适宜富硒作物的种植；生态环境良好，土壤中重金属等有害元素含量低，是少有的“洁净”土壤；富硒农产品品质好，被誉为粤港澳的菜篮子。在“奋勇争先”

的征程中，新田县立足特色、发挥优势、大胆谋划，走出了一条以改革创新为引领的富硒产业发展道路。2014年，新田县被确定为湖南省农村土地承包经营权确权登记试点县。2015年，新田县被批准成为全国农村承包土地的经营权抵押贷款的试点县。实践中，我们通过不断探索和发展，总结工作经验，培育了一大批农业新型经营主体，促进了县域经济的快速发展，带动了贫困户脱贫出列，形成了可复制、可推广的农村土地承包经营权抵押贷款工作的“新田模式”。

——中共新田县委书记　唐　军

2018年9月

CONTENTS 目录

绪　言

中国要强，农业必须强；中国要美，农村必须美；中国要富，农民必须富。农业、农村、农民问题，是关系国计民生的根本性问题，是全党工作的重中之重。解决好“三农”问题，是一项庞大而系统的工程，必须立足国情，顺从民意，抓纲务本，讲求实效。

第一，要坚持农业农村优先发展。按照“产业兴旺、生态宜居、乡风文明、治理有效、生活富裕”的总要求，建立健全城乡融合发展体制机制和政策体系，加快推进农业农村现代化。

第二，巩固农村土地的基本经营制度，完善承包土地“三权”分置制度。保持土地承包关系稳定并长久不变，第二轮土地承包到期后再延长三十年。

第三，围绕“强农扶农，支农惠农”的主题，落实好“多予、少取、放活”的惠民政策。

2004—2019年，党中央连续16年以“中央1号文件”的形式，对农业农村工作作出周密部署，全国各地农业主管部门与金融部门协调联动，真抓实干，勇于创新，取得了可喜的成果。农村发生了日新月异、天翻地覆的变化，农民的生活水平显著提高。

党的十七届三中全会通过的《中共中央关于推进农村改革发展若干重大问题的决定》，拉开了新一轮土地制度改革的序幕。按照国务院决策部署，将农村土地“所有权、承包权、经营权”三权分置和经营权流转有关要求，以及“落实农村土地的用益物权和赋予农民更多财产权利”作为工作出发点。深化农村金融改革创新，稳妥有序开展农村承包土地的经营权和农民住房财产权（以下简称“两权”）抵押贷款业务，有效盘活农村资源、资金、资产，增强农业生产中长期和规模化经营的资金投入后劲，为稳步推进农村土地制度改革提供经验和模式，促进农民增收致富和加快农业现代化发展进程。党的十九大报告中也指出，保持土地承包关系稳定并长久不变，第二轮土地承包到期后再延长三十年。深化农村集体产权制度改革，保障农民财产权益，壮大集体经济。构建现代农业产业体系、生产体系、经营体系，完善农业支持保护制度，发展多种形式适度规模经营，培育新型农业经营主体，健全农业社会化服务体系，实现小农户和现代农业发展有机衔接。促进农村一、二、三产业融合发展，支持和鼓励农民就业创业，拓宽增收渠道。

2015年8月，国务院颁布了（国发〔2015〕45号）《关于开展农村承包土地的经营权和农民住房财产权抵押贷款试点的指导意见》（以下简称《指导意见》）。《指导意见》决定，由中国人民银行会同中央农办等11部门，组织开展“两权”抵押贷款试点。同年，又颁发了《全国人民代表大会常务委员会关于授权国务院在北京市大兴区等232个试点县（市、区）、天津市蓟县等59个试点县（市、区）行政区域分别暂时调整实施有关法律法规的决定》的文件。新田县被国务院确定为“全国农村土地承包地经营权抵押贷款工作试点县”。

开展农村“两权”抵押贷款试点是我国农村土地制度改革和农村金融体制改革的重要制度创新。当前，我国正处于由传统农业向现代农业转变的关键时期，农村土地经营权流转明显加快，发展适度规模经营是现实的选择，传统农户和家庭农场等新型农业经营主体对盘活“两权”存量资产存在现实需求。近年来，在地方政府及有关部门组织推动下，金融机构采取多种灵活方式，因地制宜探索开展农村“两权”抵押贷款业务，部分地区制定了切实可行的制度办法，已经积累了经验。但是，各地“两权”抵押贷款业务标准不一、做法不同，缺乏完善的法律法规及制度保障，需要通过改革试点逐步完善。

怎样才能做好农村承包土地（指耕地）的经营权和农民住房财产权抵押贷款试点工作呢？

党中央、国务院多次强调农村土地制度相关改革要在保护农民合法权益、尊重农民意愿的前提下开展工作。为保护农户的合法权益、防范试点潜在风险，《指导意见》提出了四个方面的要求：

一是明确“两权”抵押贷款由农户、家庭农场、农民合作社等农业经营主体自愿申请，保证农民群众成为真正的知情者、参与者和受益者。

二是强调要坚守土地公有制性质不改变、耕地红线不突破、农民利益不受损的底线。

三是强调要支持农业适度规模经营，鼓励对经营规模适度的农业经营主体发放贷款。

四是要求试点地区政府采取利息补贴、发展政府支持的担保公司、利用农村土地产权交易平台提供担保、设立风险补偿基金等方式，建立“两权”抵押贷款风险缓释及补偿机制。

新田县作为“两权”抵押贷款的试点县，在近几年的试点实践中，始终围绕“试点工作任务”这一中心，全面贯彻党的政策法规，争取到土流网与新田试点县合作，实现多项土地流转综合服务无缝对接。对农村当前的现状，进行了广泛调查，制定了适合县情的实施方案，收集了丰富的个案材料，成功地处理好了相关的问题，取得了第一手的宝贵资料，有效地促进了新田农村土地承包权抵押贷款试点县工作快速、稳步、健康地发展。

本书将这些内容进行归类整理，编辑成册，期望能为广大农民朋友在实践中对相关法律法规和政策规定的解读提供一定帮助，为农村基层干部和工作者开展具体工作提供借鉴；同时，也为相关部门掌握农村承包土地的经营权抵押贷款试点工作实况，积累更多的成功案例，为进一步修改和完善相关法律法规，形成可复制、可推广的农村土地承包经营权抵押贷款工作贡献力量。

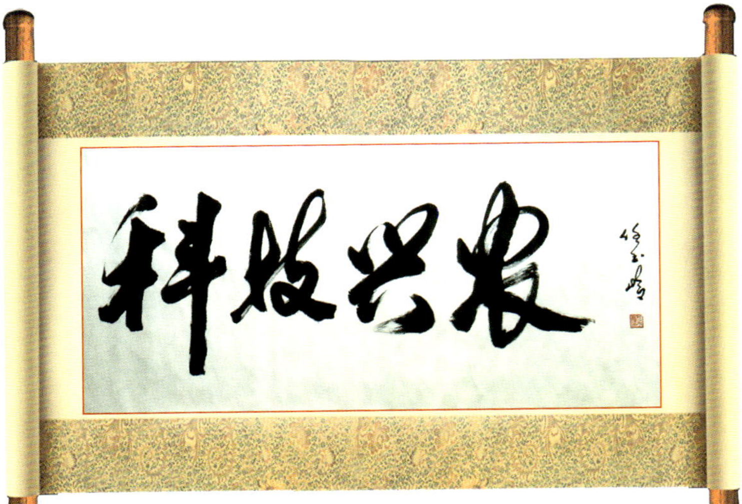

任玉岭，第九届全国政协常委，曾任国务院参事及中国产学研促进会副会长、中国民营经济促进会会长、中华海峡两岸书画艺术家协会主席，为《农村承包土地的经营权抵押贷款（试点）工作指南》题词

第一部分

概　述

第一章 农村土地承包经营

第一节 农村土地承包的相关问题

1. 我国农村土地制度经历了哪几次大的改革？

新中国成立以来，中国共产党在领导农村建设的进程中经历了三次重大土地制度改革，三次改革都有力地推动了我国农村建设的发展。

第一次变革，是农业互助合作运动。农业互助合作是我国农村生产关系的根本变革，它破除了土地等生产资料的个体所有制，建立了集体所有制，而集体所有制是社会主义公有制主要的和基本的实现形式之一。这就标志着社会主义基本经济制度已在我国农村广泛建立起来。

第二次大变革，是家庭联产承包责任制。家庭联产承包责任制实行集体所有、家庭经营的双层经营方式，实现了土地所有权与使用权的分离，土地依然属于集体所有，只是使用权交给了农民，有利于发挥集体优越性和个体积极性，它极大地解放了农村生产力。家庭联产承包责任制是社会主义集体所有制经济中统一经营和分散经营相结合的经营方式，它把土地使用经营权发包给农民，农民以家庭为基本单位分户承包；土地所有权仍归集体，农民由于取得了土地的承包经营权成为集体组织内部的一个相对独立的经营主体，从而实现了土地所有权与经营权的分离。这种分离在发挥集体优越性和个体积极性上的优势是明显的。包干到户、自主经营，扩大了农民对自己产品的处置权。承包者除了上缴一定数量的实物或现金作为集体提留，保证完成向国家交售的产品收入外，所得收入及剩余产品统归自己支配。

第三次变革，是农地“三权分置”，鼓励和促进土地流转。2013年11月，中共中央十八届三中全会通过了《中共中央关于全面深化改革若干重大问题的决定》(以下简称《决定》)这份纲领性文件。该文件对农地流转有了创新性的改革思路和举措。《决定》指出：坚持家庭经营在农业中的基础性地位，推进家庭经营、集体经营、合作经营、企业经营等共同发展的农业经营方式创新。坚持农村土地集体所有权，依法维护农民土地承包经营权，发展壮大集体经济。稳定农村土地承包关系并保持长久不变，在坚持和完善最严格的耕地保护制度前提下，赋予农民对承包地占有、使用、收益、流转及承包经营权抵押、担保权能，允许农民以承包经营权入股发展农业产业化经营。鼓励承包经营权在公开市场上向专业大户、家庭农场、农民专业合作社、农业企业的流转，发展多种形式规模经营。鼓励和引导金融资本到农村发展适合企业化经营的现代种养业，向农业输入现代生产要素和经营模式。这都有利于新形势下农业产业化经营和规模化快速发展。

2. 第一轮土地承包时预留的“机动地”有哪些政策规定?

(1)《中共中央、国务院关于当前农业和农村经济发展的若干政策措施》(中发〔1993〕11号)中明确指出:“严格控制和管理机动地。在延长土地承包期的过程中，一些地方为了增加乡、村集体收入，随意扩大机动地的比例，损害了农民群众的利益。因此，对预留机动地必须严格控制。目前尚未留有机动地的地方，原则上都不应留机动地。今后解决人地关系的矛盾，可按“大稳定、小调整”的原则在农户之间进行个别调整。目前已留有机动地的地方，必须将机动地严格控制在耕地总面积5%的限额之内，并严格用于解决人地矛盾，超过的部分应按公平合理的原则分包到户。”

(2) 2003年颁发的《农村土地承包法》第六十三条，对第一轮土地承包时预留的“机动地”作了限制性和禁止性的规定:“本法实施前已经预留机动地的，机动地面积不得超过本集体经济组织耕地总面积的5%。不足5%的，不得再增加机动地。农村土地承包法实施前未留机动地的，实施后不得再留机动地。”

(3) 机动地，本来就是为解决因人口变化、征地、自然灾害等各种情况而导致的人地矛盾问题而预留的土地。但是，实践中个别地区对预留机动地的监管极不规范，有的地方随意扩大机动地的预留面积，有的地方集体经济组织利用预留的机动地从事经营活动或者对外发包，从中获利。这些做法，都侵犯了农民的利益。

3. 怎样理解“增人不增地”和“减人不减地”的含义?

土地既是农民最基本的生产资料，也是最重要的生活保障。

(1) 中央一系列政策。1993年，中央提出了“增人不增地、减人不减地”的政策。2003年出台的《农村土地承包法》，把党的这一政策用法律形式固定了下来，使党的政策上升为国家法律。

(2)“增人不增地、减人不减地”，主要体现了以下原则:

①维护农村土地承包关系的长期稳定，进一步调动农民的积极性;

②农村土地承包要尊重大多数农民的意愿，坚持公开、公平、公正的原则，要正确处理国家、集体、农民三者的利益关系;

③稳定承包经营权依法自愿、有偿流转的依据。

4. 怎样理解二轮延包政策中的“大稳定、小调整”？

（1）在第一轮土地承包到期后，家庭土地承包经营的期限再延长30年，这是集体土地实行家庭联产承包制度的发展，是一项长久不变的政策。

（2）农村土地承包期再延长30年，是在第一轮土地承包的基础上进行的。开展延长土地承包期工作，要使绝大多数农户原有的承包土地继续保持稳定，不能将原来的承包地打乱重新发包，更不能随意打破原生产队土地所有权的界限，在全村范围内平均承包。已经做了延长土地承包期工作的地方，承包期限不足30年的，要延长到30年。

（3）承包土地“大稳定、小调整”的前提是稳定。“大稳定、小调整”，是指在坚持上述第二条原则的前提下，根据实际需要，在个别农户之间小范围适当调整。做好“小调整”工作还应坚持以下几条原则：一是“小调整”只限于人地矛盾突出的个别农户，不能对所有农户进行普遍调整；二是不得利用“小调整”提高承包费，增加农民负担；三是“小调整”的方案要经村民大会或村民代表大会三分之二以上成员同意，并报乡（镇）人民政府和县（市、区）人民政府主管部门审批；四是绝对不能用行政命令的办法，硬性规定在全村范围内几年重新调整一次承包地。

5. 农村土地承包有哪几种基本方式？它们有什么区别？

（1）国家实行农村土地承包经营制度。我国农村土地承包方式主要有两种：一种是农村土地承包采取农村集体经营组织内部的家庭承包方式；另一种则是不宜采取家庭承包方式的荒山、荒沟、荒丘、荒滩等（四荒）农村土地，可以采取招标、拍卖、公开协商等方式承包，称为其他方式的承包。

（2）两种方式的区别。

家庭承包是集体经营组织内部人人有份的承包，主要有三个特点：一是以集体经营组织内部的农户家庭为单位承包；二是确定每户的承包数量时，采取按人口平均分配的方法，具有强烈的社会保障和福利功能；三是承包的土地主要是耕地、草地和林地。

其他方式的承包，主要有四个特点：一是承包主体广泛，可以是家庭也可以是自然人或者企业主体；二是承包方不限于集体经济组织内部；三是方法是通过招标、拍卖、公开协商等方式确定；四是承包的土地是不宜采取家庭承包方式的“四荒地”。

第二节　农村土地承包经营权的相关问题

1. 什么是农村土地承包经营权？

农村土地承包经营权，是指农村土地承包人对其依法承包的土地享有占有、使用、收益的权利。

2. 农村土地承包经营权包含哪些权利？

（1）使用承包地的权利。
（2）生产经营自主权。
（3）产品处置权。
（4）收益权。
（5）土地承包经营权的流转权。

3. 如何理解“三权分置”的含义？

（1）目前，农户所持有的《农村土地承包经营权证》证书（图1-1），涵盖着三大方面的权利：即“所有权”“承包权”“经营权”，简称为“三权”。

（2）所谓“三权分置”，是指中央政府为确保土地社会主义公有制性质不变，切实保障广大农户对所承包土地的权益得以实现，通过政策和法律的手段，将“三权”分立设置，界定权限。

（3）“三权分置”，是当前我国农村土地政策的改革方向，是当前促进农村土地承包经营权流转的重要政策之一。

图1-1　中华人民共和国农村土地承包经营权证

（4）“三权”的区别和联系。

“所有权”归集体。这是“集体土地、三级所有、队为基础”的形式之一，也是社会主义公有制的重要体现。

“承包权”属于农户。只有具有“农业户籍”的本村组村民，才能拥有承包农村土地的资格和权利。

“经营权”属于农户。“经营权”依附于“所有权”和“承包权”，它是农户对所承包土地经营种植耕作的自主选择。将“经营权”从“三权”中分离出来，赋予了农民长期而有保障的用益物权的权能，扩大了经营的主体范围，放活了“经营权”。这里所讲的农村土地经营权流转，实际上就是指“三权”中“经营权”的流转。

4. 为什么要赋予农民长期而有保障的土地承包经营权？

（1）农村土地承包经营权，是指农村土地承包人对其依法承包的土地享有占有、使用、收益、流转等权利。

（2）土地承包经营权是农民作为集体经济组织成员应当享有的重要财产权利。

（3）按照统筹城乡发展的战略要求，应当对农民所拥有的这种权利平等地还权赋能，赋予农民长期而有保障的用益物权权能，这不仅能够厘清农村土地所有权、承包权和经营权三者的关系，还为坚持集体所有权、稳定农户承包权、放活土地经营权奠定基础。

（4）为实现土地承包经营权在市场运行中的抵押、担保和转让奠定重要法律基础，为发挥市场配置农村土地资源的决定性作用构筑坚实的制度基础。

5. 签订农村土地承包合同，需注意的问题有哪些？

（1）农村土地承包合同，是村集体经济组织作为发包方同本集体经济组织内的农户或其他具有民事行为能力的个人、法人及其他组织，依法签订的关于承包土地的相关权利义务的协议。

（2）家庭承包方式的承包合同，其承包期限和权利义务是法定的，不能由发包方任意设定；采用其他方式承包的合同，承包期限、权利义务，可由发包方和承包方协商确定。

（3）农村土地承包合同，一般在承包实施方案通过民主程序并组织实施后，由发包方（村集体经济组织）与承包方签订。

6. 如何解决农村土地承包经营纠纷调解和仲裁事宜？

（1）发生农村土地承包经营纠纷的，当事人可以自行和解，也可以请求村民委员会、乡（镇）人民政府等调解。

（2）当事人和解、调解不成或者不愿和解、调解的，可以向农村土地承包仲裁委员会申请仲裁，也可以直接向人民法院起诉。

（3）农村土地承包经营纠纷申请仲裁的时效期间为二年，自当事人知道或者应当知道其权利被侵害之日起计算。

（4）有下列情形之一的，仲裁委员会不予受理；已受理的，终止仲裁程序：①不符合申请条件；②人民法院已受理该纠纷；③法律规定该纠纷应当由其他机构处理；④对该纠纷已有生效的判决、裁定、仲裁裁决、行政处理决定等。

（5）当事人对发生法律效力的调解书、裁决书，应当依照规定的期限履行。当事人不服仲裁裁决的，可以自收到裁决书之日起三十日内向人民法院起诉。逾期不起诉的，裁决书即发生法律效力。

第二章　农村土地承包经营权的流转

第一节　农村土地承包经营权流转的意义及政策规定

1. 什么是农村土地承包经营权流转?

（1）农村土地承包经营权流转，实质上是指直接用于农业生产的包括耕地、林地、草地、养殖水面等农用土地承包经营权的流转。

（2）即拥有土地承包经营权的农户或集体经济组织，通过合法的形式，保留承包权，将经营权转让给其他农户或其他经济组织的行为。

（3）它是农村经济发展到一定阶段的产物，通过土地流转，可以开展规模化、集约化、现代化的农业经营模式。

2. 实行农村土地流转有何现实意义?

（1）有利于促进农村土地结构的调整，有效解决农村土地抛荒问题。

（2）有利于完善农村土地管理体制，帮助农民真正实现增收的愿望。

（3）有利于培育新型农业经营主体，顺应统筹城乡发展的时代要求。

（4）有利于提高粮食综合生产能力，保障粮食安全的需要。

（5）有利于加快农村城镇化建设，实现传统农业向现代化农业转变。

3. 实行农村土地流转后农民能从中得到那些好处?

（1）增加农民收入　农民的土地可以变成资本，无力耕种或离开农村进城务工经商的农民，可以通过流转土地的形式获得补偿，直接增加收入。

（2）提高土地利用率　解决“有田无人种”的土地抛荒问题，整合闲置的土地资源，实现土地规模化、集约化经营，提高土地资源的利用率。

（3）转移农村富余劳动力　有利于部分农村劳动力从土地上分离出来，从事其他行业，解决了农村闲置劳力就业又推进城镇化进程。

（4）推进农业产业化进程　吸引多元主体的资本进入农村，按照土地市场需求合理进行产业布局，同时有利于农村基础设施改善，为农业产业化创造条件。

4. 农村土地承包经营权流转应遵循哪些原则？

（1）平等协商、自愿有偿，任何组织和个人不得强迫或者阻碍流转。

（2）不得改变土地所有权的性质和土地的农业用途。

（3）流转的期限不得超过承包期的剩余期限。

（4）受让方必须具有农业经营能力。

（5）在同等条件下，本集体经济组织内成员享有优先权。

5. 农户在农村土地承包经营权流转过程中享有哪些权利？

（1）农户在农村土地承包经营权流转过程中，有权依法自主决定承包土地是否流转，以及流转的对象和方式。任何单位和个人不得强迫或者阻碍承包方依法流转其承包土地。

（2）农户在农村土地承包经营权流转过程中的收益归承包方所有，任何组织和个人不得侵占、截留、扣缴。

6. 农民可以采用哪些形式流转农村土地经营权？

农村土地经营权流转，具体来讲有以下几种形式（图2-1）：

（1）转让式　即依法取得承包经营权的农户，以货币或其他形式将其剩余承包期土地经营权转让给另一方经营，由另一方履行相应土地承包合同的权利和义务。转让需由原承包方申请和发包方同意。

（2）转包式　即承包方将部分或者全部土地承包经营权以一定期限转给同一集体经济组织的其他农户，转包后原土地承包关系不变，原承包方继续履行土地承包合同的权利和义务，接包方按转包时约定的条件对转包方负责。

（3）互换式　即承包方之间为方便耕种或者各自需要，对属于同一集体经济组织的承包地块进行交换，同时交换相应土地承包经营权。

（4）出租式　是指承包方将部分或者全部土地承包经营权以一定期限租赁给他人从事农业生产经营。出租后原土地承包关系不变，原承包方继续履行土地承包合同的权利和义务，租赁方按出租时约定的条件对承包方负责。

（5）入股式　即家庭承包方式的承包方土地，以承包经营权作为股权，自愿联合从事农业合作社生产经营，其他承包方式的承包方将土地承包经营权量化为股权，入股组成公司或者合作社等。

（6）租股结合式　即承包者将土地承包经营权租赁给农业企业，收取一定租金，同时将土地上的附属物或设施作为股份入股，收取股金分红的一种方式。

（7）拍卖式　即承包者以户为单位或者联合多户，将一定期限的土地经营权进行有限拍卖的方式。

（8）代耕式　即将自己承包的土地交给信得过的人代耕代种的方式，代耕期间的收益分配由双方约定，土地承包合同的的权利和义务由原承包方承担。

图2-1 新田县农村土地承包经营权流转工作流程图

7. 村组集体或服务组织在土地流转过程中的职责有哪些?

（1）接受农民的书面同意或委托，进行土地的统一流转。

（2）对依法收回的、农民自愿放弃的承包地及新增耕地，进行统一流转或发包给农户承包经营。

（3）对撂荒一年以上的承包土地，村组集体组织可组织代耕，代耕收入及国家的各种补贴归代耕者所有。

（4）对举家长期外出且失去联系农户的撂荒土地，可由村组集体组织代为流转，但不得改变土地承包关系。

8. 政府对土地流转有哪些鼓励政策？

（1）鼓励农民将撂荒土地自愿流转给规模经营主体。

（2）鼓励农民在自愿的基础上将剩余承包期内的土地承包经营权一次流转出去。

（3）鼓励外出务工农民通过集体经济组织或土地流转服务组织，代为流转承包地。

（4）鼓励长期外出迁入城镇并有稳定职业和固定住所的农民自愿有偿退出土地承包经营权。

（5）鼓励农民离土创业，对自愿放弃剩余土地经营权承包期限离土创业的农户，本人提出申请，经本集体经济组织三分之二以上的村民代表同意，在条件允许的情况下，可由村集体经济组织给予一次性补偿。

（6）鼓励农业龙头企业、工商企业等以“公司+基地+农户”或以订单农业的方式参与农村土地流转。

（7）鼓励社会中介组织参与农村土地流转服务。

9. 政府对土地承包经营权流转风险建立了哪些防范机制？

（1）实行有偿协商流转与有偿竞价流转相结合。对耕地承包经营权可以进行竞标，对林权、“四荒”土地资源、水面等使用权可以进行公开拍卖。

（2）可以县（市、区）为单位，确定农村土地承包经营权流转区域指导价格。

（3）以出租方式流转土地，主要采取实物计价、货币兑现方式支付租金。租期在三年以上的，要根据物价浮动水平确定租金逐年浮动比例。

（4）以入股方式流转土地成立农民专业合作社的，可以采取土地承包经营权流转价格入股，也可以采取土地承包经营权入股。

10. 农村土地流转过程中，必须坚决制止哪几种行为？

（1）坚决制止“违反土地利用总体规划，利用农村土地流转和土地管理审批，占用农村集体土地”的行为。

（2）坚决制止“以资本下乡和推进农民集中居住为名，流转农户承包地，改变土地用途，进行商业开发”的行为。

（3）坚决制止“以租代征、非法强占‘四荒地’等以增值收益为目的的掠夺土地”行为。

第二节 农村土地承包经营权流转的相关问题

1. 如何正确认识“家庭联产承包责任制”和“土地流转”的关系?

(1)“家庭联产承包责任制”和“土地流转”这两项农业土地管理制度是一脉相承的。两者都始终坚持土地集体所有，实行“三级所有，队为基础”的管理模式，体现了社会主义公有制和按劳分配的两个基本原则；都是一种新型的集体经济具体经营管理模式，极大地解放了农村生产力。

(2)“家庭联产承包责任制”，就是“所有权归集体”，把“使用权”“经营权”交给了农民，实行家庭联产经营的双层经营方式，实现了土地所有权与使用权的分离。

(3)“土地流转”，按照依法、自愿、有偿原则，允许农民以转包、出租、互换、转让、股份合作等形式流转土地承包经营权，发展多种形式的适度规模经营，有利于发挥集体优越性和个体积极性，真正让农民实现了最大化的利益需求。

2. “互换”与“转包”的区别是什么?

互换，是农户为了耕作方便或出于其他考虑，将自己承包的责任地地块，与本组内其他村民承包的责任地地块进行调换耕种。

转包，是农户将自己承包的责任地地块，转包给本组以内的其他人耕种，自己从中收取租金。

3. “出租”与“转让”的区别是什么?

出租，是农户将自己承包的责任地地块，租赁给本组以外的人耕种，自己从中收取租金。

转让，是指农户将自己未到承包期限的承包地，转移给他人耕种的行为。农户承包地经营权的转让，必须经发包方许可后，并以一定方式和条件，与发包方变更原土地承包合同。

4. “入股”与“抵押”的区别是什么?

入股，是农户在自愿联合的基础上，将土地承包经营权以入股的形式组织在一起，从事农业生产，收益按股分红。这是一种具有合作性质的流转形式，而不是入股组成公司从事经营。

抵押，是指抵押人和债权人以书面形式订立约定，不转移抵押财产的占有，将该财产作为债权的担保。当债务人不履行债务时，债权人有权依法以该财产折价或者以拍卖、变卖该财产的价款优先受偿。

5. 签订农村土地承包经营权流转合同，必须符合哪些条件？

（1）承包方（转出方），对流转地须具有明确的土地承包经营权，且与受让方（转入方）在协商一致的基础上达成流转意向。

（2）承包方（转出方）与受让方（转入方）签订农村土地承包经营权流转合同，其流转期限不得超过原发包的期限。

（3）承包方将土地交由他人代耕不超过一年的，可以不签订书面合同。

（4）由承包方向集体经济组织提出土地流转申请；然后再向乡（镇）人民政府农村土地承包管理部门申请合同鉴证；最后，在鉴证工作人员指导下，依据登记簿信息，填写好农村土地承包管理部门统一文本格式的流转合同。

6. 怎样签订土地流转合同？

（1）签订土地流转合同，必须使用政府统一制定的合同文本。

（2）在流转合同中，必须注明流转土地的边界、坐落、面积、质量等级，表述一定要明确，不得含糊其辞。

（3）必须载明承包价款、交款方式及违约责任。

（4）必须注明合同签订日期，一式几份，存档处所。

7. 签订农村土地承包经营权流转合同需要鉴证吗？

农村土地承包经营权流转当事人可以向乡（镇）人民政府农村土地承包管理部门申请合同鉴证。但是，乡（镇）人民政府农村土地承包管理部门不得强迫土地承包经营权流转当事人接受鉴证。

第三节　土流网参与农村土地承包经营权流转的功能优势

1. 土流网简介

湖南土流信息有限公司作为一家大型的农村土地流转综合服务机构（图2-2），提供土地流转信息发布、产权交易、法律咨询、软件开发、资产评估、抵押融资、产权交易中心运营、宣传招商、项目策划等全方位配套服务。

图2-2　土流网

2. 土流网参与农村土地承包经营权流转的四大功能优势

（1）以湖南土流信息有限公司（以下简称土流网）为例。土流网成立于2009年，至今已完成第三轮数亿元融资，在资本实力方面有非常强大的优势，这就保证了企业在资金方面的安全性，一定程度上起到了防范金融风险发生的作用。

（2）在市场占有率方面，截至2018年第二季度，土流网网站的日均访问量超过55万人次，挂牌土地资源4.1亿亩*，已成交土地1.11亿亩，行业占有率高达80%。高占有率和庞大的流量数据让土流网能够吸引全国范围内大型农业企业集团及中小型农资企业、农业项目，帮助各地区因地制宜、招商引资，提升土地流转活跃度及工作效率。

（3）在线下，土流网在全国范围内已建立了超过500家土地流转服务中心，其覆盖广度涵盖除西藏外的所有省（自治区、直辖市），覆盖纵深达到区、县级行政区。在湖南省永州市就有永州服务中心，以及下辖的新田服务中心、零陵服务中心及道县服务中心，其总挂牌土地超15万亩，已成交土地近3万亩，是当地土地流转的核心服务机构。

（4）截至2018年第二季度，土流网已为全国近百家政府部门提供服务，服务范围涵盖农村产权交易中心建设运营、不动产登记预办理平台、土地托管、农业产业园区建设运营、招商引资等。

3. 土流网在土地流转过程中承担的工作

（1）线下土地流转服务中心，一方面帮助土地流转甲乙双方鉴定彼此的资质、居间沟通交易、协助签署协议、最大程度减少纠纷，并防止后续风险的发生；另一方面，协助双方整理收集资料，并提交有关政府部门审批完成鉴证备案。因为土流网在成立流转服务中心前后都会对负责人及工作人员进行长时间、高强度的专业知识培训，这就保证了其服务质量和服务效率，同时让土地流转交易走向专业化和正规化。除配备专业人员外，土流网还在全国范围内为企业寻找土地资源，如为永州、新田土地在全国范围内寻找合适的一、二、三产业投资项目。

（2）土流网为政府部门土地确权成果应用提供规范化服务，土地经营权流转是土地确权成果最基础、最广泛的应用。土流网制定并施行了“三重风控”的管理模式，即将线下联席评审、线上网签审批、交易鉴证及见证三者结合。

（3）2016年3月15日，新田县获批为“农村土地承包的经营权抵押贷款试点县”。借助近年来土流网创新土地经营权抵押贷款新模式和经验，有效解决了本县“两权”抵押贷款中的难题。土流网充分发挥线上线下流转能力和土地经

* 亩为非法定计量单位，1亩≈666.7米^2。

营权估值优势，进行实地调查、土地估值、保后监督、逾期赔付监督、抵押土地经营权处置及债权催收等工作，而银行则充分发挥其客户资源、信用审核、贷款资质审查、网点数量和地域分布等行业优势，进行实地调查、发放贷款、贷后管理及逾期催收等工作，通过当地政府部门授权的农村产权流转交易平台办理承包土地的经营权抵押登记。

4. 新田县农村土地流转服务中心与土流网建立战略合作伙伴关系（图2–3）

新田县引入土流网建设运营农村产权交易中心，土流网以线上资源优势、成熟的软件平台为新田县政府解决了平台搭建的技术难题，以本地土地流转服务中心为产权交易服务中心的社会化运营服务解决了缺乏专业人才的难题。农村产权交易中心的顺利运营为经营权抵押贷款工作打下了良好基础（图2-4）。

图2-3　新田县土地流转服务中心主任与土流网永州区域经理签订战略合作协议

图2-4　土流网进驻新田县土地流转服务中心办公业务宣传广告

在土地确权全面完成的基础上，土流网将土地经营权抵押贷款业务引进新田县。以“土流网+银行+保险机构”的三重合作为新田县试点工作创造了新思路、新方法。该模式中，由当地政府部门授权的农村产权流转交易平台办理承包土地的经营权抵押登记，由商业银行、土流网和保险机构三大主体在各自行业领域发挥优势。保险机构负责保前调查、做出保险决定、签署投保单和保险合同、保后管理、受理逾期赔付和债权催收等工作；商业银行负责审查审批、发放贷款、贷后管理及逾期催收等工作；土流网则负责土地估值、逾期处理、处置抵押土地经营权及债权催收等工作。其中，土流网与商业银行共同开展现场联合调查，分别出具尽调报告，确保调查客观、完善。

除此之外，新田县将已完成确权的闲置土地整体托管给土流网，由土流网负责进行规划和招商引资，为当地召开多场项目引介会，盘活土地、农房资源。

第三章　农村土地确权登记颁证

第一节　土地确权登记颁证的基础知识

1. 什么叫做土地确权？

土地确权，是指土地所有权、土地使用权和他项权利的确认、确定，简称确权。是依照法律、政策的规定确定某一范围内的土地的所有权、使用权的隶属关系和他项权利的内容。

2. 哪一级政府部门才具有土地确权的资格？

（1）确权机关，是指依法有权确定土地所有权和使用权归属的行政机关。依照我国《土地管理法》第十六条的规定，确权的权利主体为乡级或县级以上人民政府，也就是说只有乡级或县级以上人民政府才具有确认所有权和使用权的权力。

（2）主管部门，是指确定土地所有权和使用权的具体承办部门。土地管理部门作为人民政府的职能部门，具体承办确权工作，对确权的意见和建议，要报同级人民政府作出决定。

3. 为什么要开展农村土地承包经营权确权登记颁证？

（1）开展农村土地承包经营权确权登记颁证，是构建中国特色社会主义农村市场经济制度的需要。

（2）是摸清基本国情的重要举措。通过全面的农村土地确权登记颁证有助于将这些数据摸准搞清，为宏观决策提供可靠依据。

（3）是赋予农民真正财产权、增加农民财产性收入的重要保证。

4. 在农村土地确权过程中，各级人民政府担负的职责有哪些？

（1）制定和完善确定土地权属方面的法规和政策。

（2）处理土地权属争议。

（3）办理土地权属的登记造册。

（4）核发证书等。

（5）坚持土地权属确定：依法原则、充分考虑历史背景的原则、土地所有权的单向流动原则。

5. 开展土地承包经营权确权登记颁证的主要工作内容有哪些？

（1）清理核实土地承包档案。
（2）查清承包地块面积和空间位置。
（3）建立健全土地承包经营权登记簿。
（4）加强承包经营权变更、注销等日常管理。
（5）对其他承包方式开展确权登记颁证。
（6）做好土地承包经营权登记资料归档。
（7）实施土地承包经营信息化管理。

6. 农村土地承包经营权确权登记颁证工作的总体要求是什么？

（1）用5年时间，基本完成农村土地承包经营权确权登记颁证工作。着重解决承包地块面积不准、四至不清等问题。

（2）健全农村土地承包经营权登记制度。明确土地承包权、经营权归属，保持现有土地承包关系稳定并长久不变。

（3）必须坚持“确权到户、以图管地”的思想。坚持“保持稳定、依法依规、因地制宜、民主协商、注重实效、档案齐全、地方负责、农民认可”的原则。

（4）实现“权属清晰明确、图标地块到户”等目标。农民从影像图片中，可以直观地看到自己承包土地的方位、地块、面积和空间位置，让农民吃下一颗流转受益的“定心丸”。

第二节　土地承包经营权确权登记的重要意义

1. 农村土地承包经营权登记的含义是什么？

（1）农村土地承包经营权登记，是指县级以上不动产登记机构依据《物权法》《农村土地承包管理法》等法律法规，将承包农户土地承包经营权的相关权属内容及变动情况记载于登记簿的行为。

（2）农村土地承包经营权登记是一种物权登记，是国家明确土地承包经营权归属，发挥土地承包经营权效用，保护承包经营权权利人权利的重要手段。

2. 农村集体土地确权登记发证的意义主要有哪些？

（1）加快推进农村集体土地确权登记发证工作是维护农民权益、促进农村社会和谐稳定的现实需要。

（2）加快推进农村集体土地确权登记发证工作是落实最严格的耕地保护制度和节约用地制度、提高土地管理和利用水平的客观需要。

（3）加快推进农村集体土地确权登记发证工作是夯实农业农村发展基础、促进城乡统筹发展的迫切需要。

3. 农村土地确权颁证之后，将给农民带来哪些好处？

（1）有利于强化物权保障。

（2）有利于强化承包农户的市场主体地位。

（3）有利于农民利用自己的权证进行抵押贷款。

（4）有利于明确土地承包经营权归属，为维权提供原始依据。

（5）有利于促进土地流转，提升土地价值，成倍增加农民收入。

第三节 土地承包经营权确权登记的政策规定

1. 农村土地承包经营权确权登记，有哪些政策规定？

（1）2008年10月，《中共中央关于推进农村改革发展若干重大问题的决定》提出："健全严格规范的农村土地管理制度"，"搞好农村土地确权、登记、颁证工作"。

（2）2011年3月，"十二五"规划纲要提出："搞好农村土地确权、登记、颁证工作，完善土地承包经营权权能，依法保障农民对承包土地的占有、使用、收益等权利。在依法自愿有偿和加强服务基础上完善土地承包经营权流转市场，发展多种形式的适度规模经营。""坚持最严格的耕地保护制度，划定永久基本农田，建立保护补偿机制，从严控制各类建设占用耕地，落实耕地占补平衡，实行先补后占，确保耕地保有量不减少。"

（3）2011年2月，《关于开展农村承包经营权登记试点工作意见》（农经发2011〔2号〕）明确指出："查清承包地块的面积和空间位置，建立健全土地承包经营权登记簿，妥善解决承包地块面积不准、四至不清、空间位置不明确、登记簿不健全等问题，把承包地块、面积、合同、权属证书全面落实到户，依法赋予农民更加充分而有保障的土地承包经营权。"

（4）2013年，中央1号文件《中共中央、国务院关于加快发展现代农业，进一步增强农村发展活力的若干意见》提出：全面开展农村土地确权登记颁证工作。健全农村土地承包经营权登记制度，强化对农村耕地、林地等各类土地承包经营权的物权保护。用5年时间基本完成农村土地承包经营权确权登记颁证工作，妥善解决农户承包地块面积不准、四至不清等问题。加快包括农村宅基地在内的农村集体土地所有权和建设用地使用权地籍调查，尽快完成确权登记颁证工作。

2.《国土资源部关于进一步加快宅基地和集体建设用地确权登记发证有关问题的通知》作出了哪些规定?

（1）颁发统一的不动产权证书。
（2）因地制宜开展房地一体的权籍调查。
（3）规范编制不动产单元代码。
（4）公示权属调查结果。
（5）结合实际依法处理“一户多宅”问题。
（6）分阶段依法处理宅基地超面积问题。
（7）依法确定非本农民集体成员合法取得宅基地使用权。
（8）依法维护农村妇女和进城落户农民的宅基地权益。
（9）分阶段依法确定集体建设用地使用权。
（10）规范没有土地权属来源材料宅基地、集体建设用地确权登记程序。

3. 中央对农村集体土地确权登记发证工作的总体原则有哪些?

（1）政府主导原则：各县（区）人民政府主导，国土资源部门牵头，多部门统筹协调密切配合完成。

（2）稳步推进原则：试点先行，摸索经验，稳步、全面、加快推进。

（3）尊重历史和现实的原则：土地权利归属的确定，既要根据当时的历史条件和政策，又要充分考虑当前的实际状况。

（4）有利于生产生活和社会稳定的原则：在利于维护社会稳定和土地可持续利用的基础上，化解矛盾，解决争议，对一时难以处理纠纷的宗地暂缓登记，暂不发证。

（5）依法登记的原则：严格依照《土地登记办法》规定的内容、程序和要求，依法办理登记。

（6）全部覆盖的原则：坚持全面覆盖的原则，不重不漏。

（7）免费原则：此次登记发证将有关工作经费纳入财政预算，减轻农民负担，测绘、登记都不需农民花费任何费用。

4. 农村土地承包经营权登记簿主要记载那些信息?

（1）发包方名称、承包方代表信息。
（2）承包合同编号及起止时间。
（3）共有人信息情况。
（4）承包土地面积、四至、空间位置及是否基本农田。

（5）承包经营权及证书变动情况等。

（6）具体格式以农业部第2330号公告《农业部农村土地承包经营权登记簿证样式》要求为准。

5. 农村土地承包经营权证登记的主要内容有哪些？

（1）农村土地承包经营权人姓名（名称）及基本情况（性别、出生年月）。

（2）农村土地承包经营权证名称和编号。

（3）承包经营期限和起止日期。

（4）发包农村土地的集体经济组织名称、土地区位、土地面积、土地用途。

（5）农村土地承包经营权变动情况。

（6）核发农村土地承包经营权证的机关及日期。

（7）其他应当注明的事项。

6. 农村土地承包经营权确权颁证工作基本原则有哪些？

（1）确保稳定。

（2）依法规范。

（3）群众主体。

（4）分类指导。

（5）分级负责。

7. 农村集体土地确权登记，应当高度重视的问题有哪些？

（1）明确农村集体土地确权登记发证的范围。

（2）依法依规开展农村集体土地确权登记发证工作。

（3）加快农村地籍调查工作。

（4）把农村集体土地所有权确认到每个具有所有权的农民集体。

（5）依法明确农村集体土地所有权主体代表。

（6）严格规范确认宅基地使用权主体。

（7）按照不同的历史阶段对超面积的宅基地进行确权登记发证。

（8）认真做好集体建设用地的确权登记发证工作。

（9）妥善处理农村违法宅基地和集体建设用地问题。

（10）严格规范农村集体土地确权登记发证行为。

（11）加强土地权属争议调处。

（12）规范完善已有土地登记资料。

（13）推进农村集体土地登记信息化。

8.《物权法》对农村土地承包经营权登记制度有何规定？

（1）登记确认　该法第一百二十七条规定：“土地承包经营权自土地承包经营权合同生效时设立。县级以上地方人民政府应当向土地承包经营权人发放土地承包经营权证、林权证、草原使用权证，并登记造册，确认土地承包经营权。”

（2）登记对抗　该法第一百二十九条规定：“土地承包经营权人将土地承包经营权互换、转让，当事人要求登记的，应当向县级以上地方人民政府申请土地承包经营权变更登记；未经登记，不得对抗善意第三人。”

（3）登记生效　该法第一百三十三条规定：“通过招标、拍卖、公开协商等方式承包荒地等农村土地，依照《农村土地承包法》等法律和国务院的有关规定，其土地承包经营权可以转让、入股、抵押或者以其他方式流转。”

9. 什么叫作“登记对抗”？

可以理解为：对于土地承包经营权采取转让、互换方式流转，未经依法登记，不得对抗善意第三人。也就是说，不登记不影响转让合同效力，如果出现一地多头流转的，不进行登记将产生不利于土地承包经营权受让人的法律后果，经过登记的一方受到物权保护。

10. 制定土地经营权确权登记工作方案时，应做到哪“四个明确”？

（1）明确指导思想。

（2）明确工作内容。

（3）明确方法步骤。

（4）明确验收标准。

第四节　农村土地承包经营权证登记的流程

1. 开展土地登记需要农户干些什么事？

（1）至田间地头确认自己的地块。

（2）在鱼鳞图中按手印确认自己的地块。

（3）为乡镇、村进行土地确权登记提供相关资料、信息。

2. 农村土地承包确权登记颁证有哪些工作流程？

（1）清理土地承包档案。

（2）调查土地承包情况。

（3）测绘承包地块。
（4）搭建管理信息系统。
（5）健全土地承包经营权登记簿。

3. 什么是农村土地承包经营权确权登记“九步工作法”（以新田县为例，见图3–1）？

（1）宣传培训：乡镇集中培训，宣传资料发放，其他宣传形式。

（2）成立工作机构、建立工作机制：建立县确权工作领导小组，乡镇确权工作小组，村民议事会。

（3）资料收集：户口本，户主身份证，承包经营权证扫描，户籍信息表汇总。

（4）制作鱼鳞图：形成鱼鳞图，出公示表、公示图。

（5）入户和实地调查：鱼鳞图草图，土地承包经营权调查表。

（6）制作工作底图：建立农村土地承包经营权数据库，基础数据初始化，分割地类图斑。

（7）公示审核：村组审核后初次公示，乡镇对村组公示结果汇总上报，部门审核上报结果后二次公示。

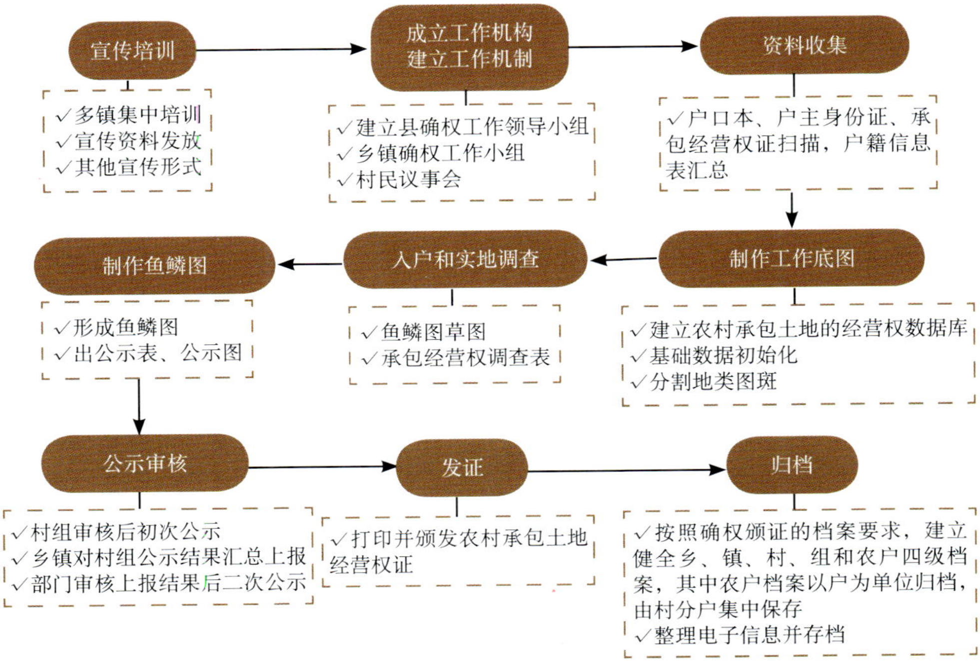

图3-1 新田县农村承包土地的经营权登记试点工作九步工作法流程图

（8）发证：打印并颁发农村土地承包经营权证。

（9）归档：按照确权颁证的档案要求，建立健全乡镇、村、组和农户四级档案，其中农户档案以户为单位归档，由村分户集中保存，整理电子信息并存档。

4. 如何正确理解“身份证”“工作证”“全覆盖”三者的含义？

“身份证”“工作证”，是对农村集体土地确权过程中土地承包权、经营权关系的通俗解释，即先有土地承包的“身份证”，然后才有使用承包土地进行生产经营的“工作证”。

“全覆盖”，是对农村集体土地确权登记发证范围的严格规定，必须要覆盖全部农村范围内的集体土地，包括属于农民集体所有的建设用地、农用地、林用地和未利用地等，不得遗漏。

5. 哪些情况下，集体土地所有权和使用权需暂缓登记？

（1）土地权属有争议。

（2）经依法批准，征收为国有土地。

（3）其他法律法规规定暂缓办理的。

第五节　农村土地确权登记发证工作中的常见问题

1. 对于“取得城市户口的居民继承的宅基地”有哪些政策规定？

（1）宅基地原则上属于村集体所有，并不是个人财产，个人只有使用权。

（2）对于已经取得城市户口的居民，无权继承农村的宅基地，只能继承宅基地上面的建筑物。

2. 哪些情况可以办理农村土地承包经营权变更登记？

（1）因承包地被征收导致承包地块或者面积发生变化的。

（2）因承包农户分户等导致土地承包经营权分割的。

（3）因土地承包经营权采取转让、互换方式流转的。

（4）因结婚等原因导致土地承包经营权合并、分立的；可以办理农村土地承包经营权变更登记。

3. 办理农村土地承包经营权变更登记需提交哪些材料？

（1）变更的书面申请。

（2）已变更的农村土地承包经营合同或其他证明材料。

（3）农村土地承包经营权证原件。

（4）原农村土地承包合同。

4. 农村土地承包经营权登记由谁负责管理？

《物权法》第十六条规定，“不动产登记簿是物权归属和内容的依据。不动产登记簿由登记机构管理。”《农村土地承包经营权管理办法》（2013年农业部令第33号）第四条规定，“县级以上地方人民政府农业行政主管部门负责农村土地承包经营权证的备案、登记、发放等具体工作。”该法第十条规定，“农村土地承包经营权登记簿、承包合同登记及其他登记材料，由县级以上地方农业行政主管部门管理。”因此，农村土地承包经营权登记簿目前应由县级以上农业行政主管部门（经管部门）管理。

5. 农村土地承包经营权确权颁证依据信息资料有哪些？

（1）二轮承包土地台账。

（2）承包合同。

（3）承包经营权证。

（4）已发生法律效力的法律文书。

（5）农村集体土地所有权登记成果等为主要依据。

6. 农村土地承包经营权登记颁证是否收取费用？

《关于开展农村土地承包经营权登记试点工作的意见》（农经发〔2011〕2号）及2014年中央1号文件，明文指出：农村土地承包经营权确权登记工作不得向农村集体经济组织和农民收取费用。确权登记颁证工作经费纳入地方财政预算，中央财政给予补助。

7. 二轮承包期内没有签订土地承包合同的应如何处理？

二轮承包期内，没有签订书面合同的，可在调查摸底、公示无异议的基础上，补签农村土地承包合同。

8. 农村土地承包经营权确认地块界址面积，主要有哪些测量方法？

（1）实测法　是利用GNSS接收机、全站仪等仪器，实地获取或解算界址点坐标的方法。

（2）航测法　是采用航空摄影测量方法界址坐标点的方法。

（3）图解法　是以已经测得的大比例尺航天数字正射影像（卫星导航系统）、地籍图或地形图为基础，通过量算获取界址点坐标的方法。

以上这些测量仪器，技术先进，精确度高，能如实记录地形地貌信息，日后若有改变，也有原始证据可查对。故，农户可放一万个心，不必有丝毫顾虑。

9. 对“长期荒废、没有建筑物宅基地”国家将如何处置？

由于现在粮食作物价格不理想，种地已经不赚钱了，所以，很多农民选择了进城务工，有些已经在城里安家落户，家里破旧的房子坍塌了也没有休整，导致宅基地长期荒废，对于这种宅基地，国家会给予一定补偿进行回收。

10. 对于“违章占据耕地的住房”该怎样确权？

近几年农村“路路通”工程的实施，使得各个村庄都修了水泥路，导致很多住户不愿意再在胡同里居住，有条件的都在田间地头靠近水泥路的地方盖上了新房，对于这些占据耕地的建筑物，原则上不予确权。

11. 对出嫁女和入赘男的土地承包经营权如何确权登记？

（1）出嫁女和入赘男在新居住地未取得承包地的，其在原居住地的承包地不得收回。

（2）新居住地已给其分配承包地的，原居住地不再保留其承包地。

12. 未经批准私自改变土地农业用途的，如何开展土地承包经营权确权登记？

（1）对于农户或其他组织未经国土部门批准，自行在承包土地上进行建房或建设其他建筑设施的，此次确权不予登记。

（2）对相关责任人擅自改变土地农业用途的行为，由国土部门依法处理。

13. 农户占用田间路、沟渠等耕种的土地能否确定为家庭承包面积？

（1）根据国土资源部《关于印发〈确定土地所有权和使用权的若干规定〉的通知》（〔1995〕国土(籍)字第26号）规定，乡（镇）或村在集体所有的土地上修建并管理的道路、水利设施用地分别属于乡（镇）或村农民集体所有。

（2）农户占用田间路、沟渠等耕种的土地不能确定为家庭承包面积，应当按照原承包地块测量的面积进行确权登记颁证。

14. 对“一户多宅”问题处理的政策依据有哪些？

“一户一宅”是农村土地确权的基本政策，所以对于一户多宅的农民，多余的宅基地会被强制性进行回收。回收的宅基地待重新规划时，经村集体讨论，会选择重新分配。

15. 承包农户家庭消亡的如何开展承包经营权确权登记？

（1）承包农户家庭成员全部死亡的，发包方依法收回承包地，不予确权登记。

（2）所收回土地依法承包给新增人口后再按此次工作程序进行确权登记。

16. 法律对农民宅基地确权有哪些具体规定？

（1）非本村村民的宅基地，因地质灾害防治、新农村建设、移民安置等集中迁建，在符合当地规划的前提下，经集体大多数成员同意并经有权机关批准异地建房的，可按规定确权登记发证。

（2）已拥有一处宅基地的本集体成员，或非本集体成员的人员，因继承房屋占用农村宅基地的，可按规定登记发证。

（3）已非本村村民，原在农村合法取得的宅基地及房屋，其房屋产权没有变化的，经该农民集体出具证明并公告无异议的，可依法办理土地登记。

属于（2）、（3）两类的，均需在《集体土地使用证》记事栏注记为“该权利人为非本集体成员”。

17. 农户原房屋拆除、改建，其土地使用权应如何确定？

（1）因原房屋拆除、改建或自然坍塌等原因，已经变更了实际土地使用者的，经依法审核批准，可将土地使用权确定给实际土地使用者。

（2）空地及房屋坍塌或拆除后两年以上仍未恢复使用的土地，由当地县级以上人民政府收回土地使用权。

18. 什么叫“小产权房”，应如何处置？

（1）所谓的“小产权房”，指的是非本集体成员，采用违规手段，在集体土地上建设的供非本集体成员居住的商品房。

（2）依据《土地管理法》的规定，只有本集体组织成员才能每户享有一处宅基地，因而“小产权房”是不合法的，这也是“小产权房”不能办理土地使用权证的原因。

19. 对农村城市周边地区的“小产权房”确权登记，法律有哪些规定？

（1）土地登记，具有严肃性和权威性。按照国家有关规定，为严格规范农村集体土地确权登记发证行为，明确要求严格禁止通过土地登记将违法违规用地合法化，对于违法宅基地和建设用地必须依法依规处理后方可登记。

（2）对于借户籍管理制度改革或者擅自通过“村改居”等方式，非经法定征收程序将农民集体所有土地转为国有土地、农村集体经济组织非法出让或出租集体土地用于非农业建设、城镇居民在农村购置宅基地、农民住宅或“小产权房”等违法用地，不得登记发证。

（3）对于没有权属来源证明的宅基地和集体建设用地，要求查明土地历史使用情况和使用现状，认定合法后，方可走程序并确权登记发证。对于违法违规登记发证或登记不规范造成严重后果的，严肃追究有关人员责任。

20. 对“撤村建居”农村集体土地的确权登记应如何处理？

（1）集体土地全部依法征收为国有的，农民集体成员全部转为城镇居民。集体土地转为国有土地，只能通过征收这一合法渠道。集体土地所有权只能确权登记给农民集体，不能给城镇居民委员会。

（2）对“撤村建居”后，未征收原集体土地，只调查统计，不登记发证。统计时在新建单位名称后载明原农民集体名称，以给下一步国家出台相关法律政策后妥善处理该问题提供依据。

21. 符合分户规定而尚未分户的农民，怎样确定建设用地使用权？

符合当地政府分户建房规定而尚未分户的农村居民，其现有的宅基地没有超过分户建房用地合计面积标准的，可按现有宅基地面积确定集体土地建设用地使用权。

22. 农户接受转让、购买房屋取得的宅基地该怎么确权？

接受转让、购买房屋取得的宅基地，与原有宅基地合计面积超过当地政府规定标准，按照有关规定处理后允许继续使用的，可暂确定其集体土地建设用地使用权。

继承房屋取得的宅基地，可确定集体土地建设用地使用权。

23. 非农业户口居民（含华侨）原在农村的宅基地，这次该怎么确权？

非农业户口居民(含华侨)原在农村的宅基地，房屋产权没有变化的，可依法确定其集体土地建设用地使用权。

房屋拆除后没有批准重建的，土地使用权由集体收回。

24. 农村集体土地所有权发证，是到村还是到组？

（1）登记发证，应该遵循是谁的，就发给谁的原则。

（2）根据《物权法》《土地管理法》和中央文件要求，属于村一级农民集体所有的土地，应当确权发证给村一级农民集体。

（3）属于村民小组集体所有的土地，应当确权登记发证给村民小组一级农民集体。

（4）属于乡（镇）农民集体所有的土地，应当确权登记发证给乡（镇）一级的农民集体。

25. 土地确权家庭承包方的代表应如何确定？

家庭承包方的代表人是在承包合同上签字的人或原土地承包经营权证书上记载的代表人。前两项规定的代表人死亡、丧失民事行为能力或因为其他原因无法到场确认的，由农户家庭成员共同推选代表。

26. 承包方土地承包经营权的共有人应如何确定？

（1）承包方土地承包经营权共有人应以二轮土地承包时家庭实际人口为基础，已死亡或户口迁出的（如出嫁女、在校大学生、现役军人等）应在备注栏标注清楚。

（2）二轮承包到现在，承包户依法享有土地承包经营权的新增家庭成员，一并作为共有人进行登记，并在备注栏标注。"与户主关系"栏按照国家规范填写，如本人、配偶、子女、父母、祖父母、孙子女、兄弟、姐妹、其他等。

27. 以其他方式承包农村土地的，承包方代表应如何确定？

（1）个人或单位以其他方式承包农村土地的，土地承包方代表应该是在承包合同上签字的自然人，或承包单位的法人代表。

（2）在承包合同上签字的自然人死亡或丧失民事行为能力的，依照继承法的规定，由其法定继承人协商决定承包方代表。

28. 承包土地的调查结果应由谁签字确认？

按照《中华人民共和国农村土地承包法》、最高人民法院关于《农村土地承包纠纷案件适用法律问题的解释》（法释〔2005〕6号）等法律法规，家庭承包方式的调查结果由家庭承包方的代表签字确认；其他方式承包的调查结果，由其他承包方式的承包方代表签字确认。

29. 新颁发土地承包经营权证书和登记簿费用由谁承担？

（1）根据2014年中央1号文件要求，本次确权登记颁证工作费用由各级政府列入财政预算，中央财政给予补助。经研究并报省领导批准。

（2）湖南省新颁发的土地承包经营权证书和登记簿，由湖南省农委按规定样式统一印制，费用由省级财政部门负担；调绘勘测及其他工作经费由市、县财政部门列入预算。

（3）不得向农民收取任何费用。

30. 对于退耕还林的土地应该如何确权？

（1）对农户领取了林权证的土地，本次不予确权登记颁证。

（2）对没有领取林权证但领取了退耕还林补贴的土地，是进行土地承包经营权确权还是等待领取林权证，应尊重农户自己的选择。

（3）对既没有领取林权证，也没有领取补贴的土地，应当进行确权登记颁证。

31. 实测土地面积与承包合同及原来的经营权证书记载有出入的，如何填写登记簿和新证书？

（1）确权登记颁证应严格执行农村土地承包法律政策规定，对实测面积应经公示后据实登记。

（2）在登记簿中如实填写“承包地二轮合同面积”和“实际测量面积”两项内容，无论实测面积与合同面积是否有出入，都应分别填写。

（3）对二轮合同面积因地块等级不同折亩计算的，要在登记簿“承包地块情况”的“承包地二轮合同面积”栏内予以注明。

（4）对两者面积出入较大的要对土地地籍草图进行审核，在村组进行公示，公示无异议的，才能确权登记。经营权证书只填写实际测量的面积。

32. 在办理土地确权时如遇界线与面积不吻合该怎么办？

（1）界线与面积不吻合的，以界线为准。

（2）在土地确权时，要处理好土地所有权和使用权与行政管辖权及与特殊区域内部门管理权的关系、土地权属与规划区的关系。

（3）土地权属确认的基本方法是：调查、申报登记、核发证书。因此，确权主要是通过权属调查和申请土地登记、核发证书实现的。

33. 全家迁入设区的市并转为非农业户口的承包方的承包地如何登记确权？

（1）《中华人民共和国农村土地承包法》第二十六条规定，“承包期内，承包方全家迁入设区的市，转为非农业户口的，应当将承包的耕地和草地交回发包方。承包方不交回的，发包方可以收回其承包的耕地和草地”。

（2）根据国发〔2014〕25号文件精神，现阶段，不得以退出土地承包经营权、宅基地使用权、集体收益分配权作为农民进城落户的条件。

（3）对全家迁入设区市以上转为城市户口，承包地已经交回或收回的，本次不予确权登记。没有交回或收回的，尊重其本人意愿，愿意交回的不予确权登记，不愿意交回的应予确权登记。

34. 土地承包人去世其承包地由子女耕种的应如何登记?

（1）若承包人单独立户，现已去世，只要其子女在同村都应按其相应的子女户头进行确权登记。

（2）若其子女不在同村，该承包人的承包地应收回集体，按集体机动地管理。

35. 农户间私自买卖的承包地应如何登记?

凡是农户间私自买卖的承包地，按原承包户确权登记。

36. 农户原房屋拆除、改建，其土地使用权应如何确定?

（1）因原房屋拆除、改建或自然坍塌等原因，已经变更了实际土地使用者的，经依法审核批准，可将土地使用权确定给实际土地使用者。

（2）空地及房屋坍塌或拆除后两年以上仍未恢复使用的土地，由当地县级以上人民政府收回土地使用权。

37. 对土地权属不清或有争议的承包地登记应如何处理?

（1）凡权属不清或有争议的承包地，应由乡（镇）村、组调查解决后再确权登记。

（2）对矛盾纠纷较大，暂不能解决的，划定争议区，查清争议区的位置、面积、形成原因，并登记造册、记录在案，待化解争议后再进行确权、公示和登记。

38. 对农户已经流转了的承包地应如何登记?

（1）农户之间互换、转让之后的承包地，若经营权没有纠纷，应按现占有土地的承包人进行登记；对存在纠纷的，先解决纠纷再进行确权登记。

（2）转让承包土地限于集体经济组织内部，对于跨村民小组的承包地互换，双方经村民小组民主讨论同意互换的，可按互换后的承包关系进行确权登记；双方或一方村民小组不同意互换的，仍按互换前的承包关系进行确权登记。

（3）对以转包、出租、入股、抵押等方式流转的土地，按原承包转出农户进行确权登记，不得给受转方颁发土地承包经营权证，其流转关系继续履行土地流转合同约定。

（4）对自留地、园地、自行开垦的耕地已纳入二轮土地承包面积的，予以确权登记；对没有纳入原承包合同的，本次暂不进行确权登记。但须对这类土地统计汇总到村组归档。

39. 哪些土地应当用于调整承包土地或者承包给新增人口？

（1）集体经济组织依法预留的机动地。

（2）通过依法开垦等方式增加的土地。

（3）承包方依法、自愿交回的土地。

40. 什么是农村宅基地使用权？它与城镇国有出让土地使用权的区别是什么？

（1）农村宅基地使用权，是指农村村民在依法取得的农村集体经济组织所有的土地上建筑房屋并居住使用的权利，只限于农村集体所有的土地，其目的在于解决农村村民的私有住房的用地问题，实行无偿使用原则，依法按照批准程序取得。

（2）城镇国有出让土地使用权，用于解决企业生产用房、营业用房、商品房等设施的用地问题，实行有偿使用原则，按出让程序取得。

41. 只有集体经济组织的成员才有权申请本村宅基地吗？城镇居民可以购买农村宅基地吗？

依据我法律规定，有权申请并取得农村宅基地使用权的必须是该集体经济组织的成员。同时，法律明确禁止一些大中城市的居民到周边农村购置宅基地的行为，严禁城镇居民在农村购置宅基地，严禁为城镇居民在农村购买和违法建造的住宅发放土地使用证。

42. 农民怎样办理申请使用宅基地手续？

农民申请使用宅基地按以下程序进行：

（1）建房户首先向所在地集体经济组织或者村民委员会提出检方申请。

（2）经村民代表大会或村民大会讨论通过后，按规定办理批准手续。

（3）占用原有宅基地、村内空闲地等非耕地的报乡镇人民政府审核；占用耕地的，由乡镇人民政府审核，经土地管理部门审查同意，报县人民政府批准。

（4）由乡镇土地管理所按村镇规划定点画线，准许施工。

（5）房屋竣工后，经有关部门检查验收符合用地要求的，发给集体土地使用证。

43. 农村村民可以拥有几处宅基地？宅基地面积怎么计算？

农村村民一户只能拥有一处宅基地，农村宅基地的面积是由各省、自治区、直辖市确定的，不同的省份、占用不同的地类，允许占用的宅基地面积都不同，农民占用宅基地的面积不得超过当地的标准面积。如《湖南省实施〈中华人民共和国土地管理法》办法〉中明确规定农村村民每一户宅基地用地面积耕地不超过130平方米，荒山荒地不超过210平方米，其他土地不超过180平方米。

44. 在宅基地上自建房屋，可以继承、出租、出卖吗？转让房屋后，是否可以重新申请宅基地建房？

（1）农村房屋，是属于所有人的合法财产，依法受到法律保护，其所有人有权对房屋进行处分行为，包括继承、出租、出卖，同时房屋作为公民私人财产，依法可以继承。但在农村房屋出卖时，由于房屋和宅基地不可分，因而对房屋的转让出卖也限于本集体成员或本集体企业之内，并且应同步办理宅基地使用权的转让手续，宅基地使用权转让必须经乡镇政府批准，出让方不得牟利。

（2）转让房屋时同步转让了宅基地使用权，出让人不得再向集体经济组织申请审批新的宅基地使用权，如果其需要盖新的房子，一般只能通过购买住房等方式取得本集体经济组织内部其他成员自用有余的宅基地使用权。

45. 宅基地使用权可以继承吗？

宅基地所有权和公民私房所有权是分离的，宅基地的所有权属于国家或集体，私房的所有权属于农民个人。宅基地的使用权不属于遗产，不能被继承，但公民继承了房屋，宅基地的使用权也就随着房屋而转移给新的所有人，这只是执行国家法律法规的结果，而不是继承的结果。

46. 农村土地经营权确权登记颁证工作主要有哪些要求？

（1）全面清理土地承包档案，经过实地清查测量、公示审核确认，做到承包台账、承包情况登记表等齐全。

（2）查对合同、权证的内容，是否与实际完全相符。

（3）对农户土地承包经营地块进行精确定位，确定空间位置。

（4）制作出清晰的农户土地承包地块“鱼鳞图”，计算出实际面积。同时，标注到土地承包经营权证书上。

（5）本次登记的农村土地经营承包期到期时间，统一填写为2024年9月1日，以后待国家的具体政策出台后再统一调整。

（6）本次核实登记的面积不作为农户目前享受国家政策性补贴面积调整的依据。

（7）对农户承包地实现包括农村土地承包经营权证、农村土地承包合同书及农村土地承包到户分布图的信息化管理。相关资料按照规定实行村、乡（镇）、县分级归档管理。

第二部分

农村承包土地的经营权抵押贷款

第四章　关于农村承包土地的经营权抵押贷款

第一节　农村承包土地的经营权抵押贷款的基础知识

1. 什么是农村承包土地的经营权抵押贷款?

农村承包土地的经营权抵押贷款是指新型农业经营主体（家庭农场、农业大户、专业合作社、涉农企业）、农村居民等以农村承包土地的经营权作为抵押物，向金融机构申请贷款的信贷方式。

2. 当前农村承包土地是如何进行“三权分置”的?

（1）所有权归村集体所有。
（2）承包权归村民所有。
（3）经营权归村民所有，可以用于流转。

3. 办理农村承包土地的经营权抵押贷款的原则是什么?

（1）申请自愿。
（2）风险自负。
（3）责任自担。
（4）收益自理。

4. 申请农村承包土地的经营权抵押贷款需提供哪些资料?

申请贷款（授信）需要提供如下资料：
（1）借款人情况说明及有效身份证明。
（2）借款用途及效益分析。
（3）县人民政府颁发的农村土地承包经营权证（或农村承包土地经营权流转证和土地流转合同）。
（4）金融机构需要审查的其他有关资料。

5. 农村承包土地的经营权抵押登记机关是哪个部门？

登记机关是县农村经营管理部门。

6. 办理农村承包土地的经营权抵押贷款有哪些程序（图4−1）？

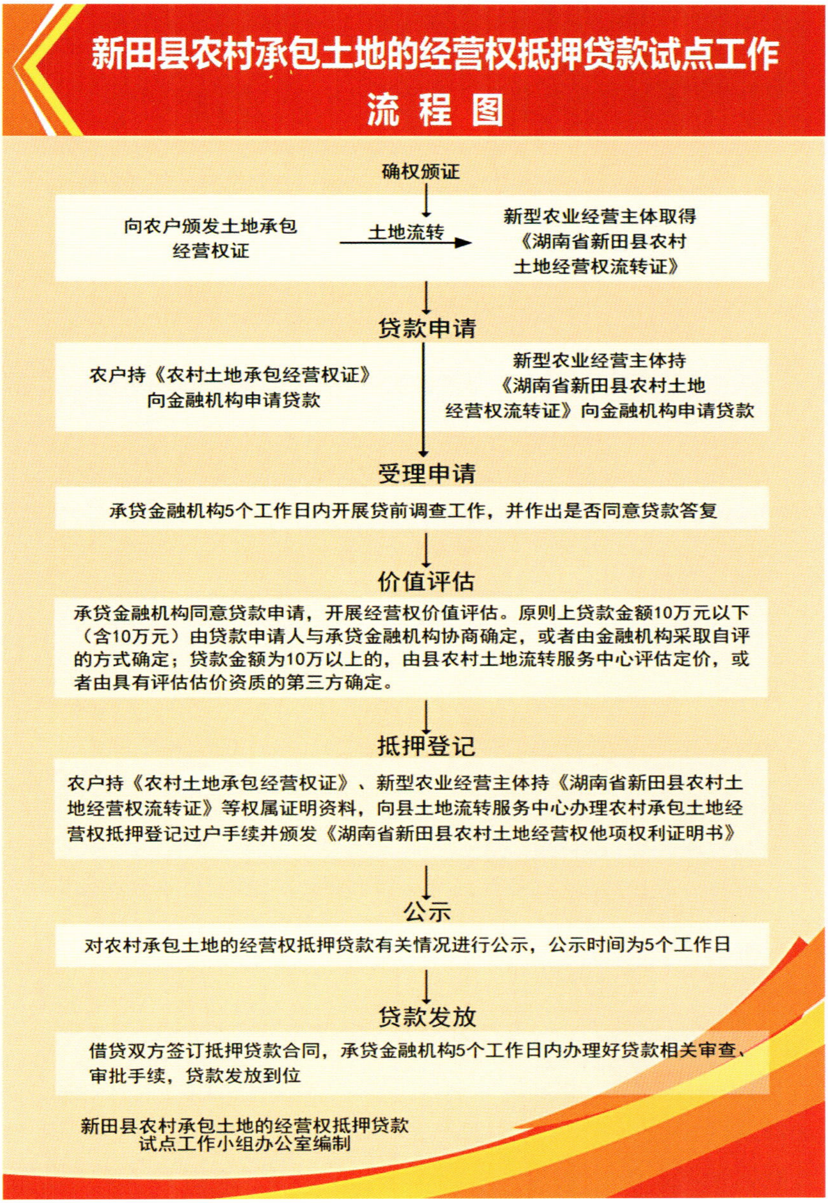

图4-1　新田县农村承包土地的经营权抵押贷款试点工作流程图

（1）贷款（授信）申请。
（2）贷款（授信）调查。
（3）抵押物价值评估。
（4）贷款（授信）审查、审批。
（5）办理抵押登记手续。
（6）签订抵押贷款（授信）合同。
（7）贷款发放。
（8）贷后检查。
（9）贷款归还。

7. 办理农村承包土地的经营权抵押贷款金额最多有多少？

抵押贷款的金额，最多不得超过农村土地流转经营权抵押评估确认价值的70%。

第二节　农村承包土地的经营权抵押贷款工作的政策规定

1. 农村承包土地经营权抵押贷款工作的总体要求是什么？

（1）加强领导，健全机构。
（2）明确分工，各司其职。
（3）动态监测，定期评估。
（4）宣传引导，推广经验。

2. 农村承包土地经营权抵押贷款的权能有哪些？

（1）明确贷款对象、条件。
①对象：农村居民、获得土地经营权的新型农业经营主体；
②条件：因大规模农业开发和生产经营急需大笔资金，而向银行请求抵押贷款。

（2）申请贷款用途　借款人取得农村承包土地的经营权抵押贷款须用于农业生产、农业综合开发、农产品经营加工等涉农经济发展。

（3）贷款额度　承办金融机构要根据借款人生产经营状况、偿债能力、还款来源、贷款真实需求、信用状况等因素，合理确定农村承包土地的经营权抵押贷款的最高额度。额度原则上不超过农村土地经营权评估确认价值的75%。

（4）贷款期限　由借贷双方根据贷款用途，按照农业生产经营周期，综合考虑剩余承包期、偿还能力等因素合理确定。贷款期限不得超过农村承包土地经营权的剩余年限。以流转经营权作抵押的，贷款期限不得超过流转期限。

（5）贷款利率　贷款利率参照中国人民银行公布的同期同档次基准利率，原则上不得超过人民银行规定基准利率的20%，应低于本机关同类同档次信用贷款利率。

3. 农村承包土地的经营权抵押贷款基本原则有哪些？

（1）依法有序原则　新田县农村承包土地的经营权抵押贷款试点坚持于法有据，遵循《中华人民共和国土地管理法》以及“三农”、金融等有关法律法规和政策要求，遵守现行农村土地制度和产权制度，在全国人大常委会授权范围内开展试点工作。

（2）自主自愿原则　试点工作切实尊重农民意愿，坚持由新型农业经营主体和农户等自愿申请，确保广大农民群众成为真正的知情者、参与者和受益者。流转土地的经营权抵押贷款需经承包农户同意。新田县金融机构在财务可持续发展基础上，按照有关规定自主开展农村承包土地的经营权抵押贷款业务。

（3）稳妥推进原则　在维护农民合法权益前提下，妥善处理好农民、农村集体经济组织、金融机构之间的关系，慎重稳妥推进农村承包土地的经营权抵押、担保、转让等试点工作。

（4）风险可控原则　坚守土地公有制性质不变、耕地红线不突破、农民利益不受损的底线。通过完善确权颁证、价值评估、流转交易平台搭建、风险补偿和抵押物处置机制等配套政策措施，有效防范、控制和化解风险，确保试点工作平稳顺利实施。

第三节　农村承包土地的经营权抵押贷款办证过程中的相关问题

1. 农村承包土地的经营权抵押价值不足怎么办？

如果农村承包土地的经营权抵押价值不足，所需贷款（授信）金额超出农村土地承包经营权抵押认定价值的，可以采取其他担保方式作为补充。鼓励新型农业经营主体及个人提供补充担保。

2. 通过家庭承包方式取得土地承包经营权的农户以其土地经营权作抵押申请贷款的，应当符合哪些条件？

（1）农业经营主体资信良好，具备农业生产经验和经营管理能力。

（2）用于抵押的承包土地是具备持续生产能力的耕地、种植园地、养殖场、养殖水面等农用地。

(3) 有县级以上人民政府或相关主管部门颁发的土地承包经营权证，且未列入征地范围。

(4) 与承包农户或者经承包农户书面委托的组织或个人签订了有效的经营权流转合同，或者取得了农业主管部门颁发的流转土地经营权权属证明，并已按流转合同确定的方式支付土地租金。

(5) 承包方农户同意土地经营权用于抵押和合法再流转，并已就抵押事宜向发包方备案。

3. 农村土地承包经营权抵押贷款（授信）的形式有哪些？

农村土地承包经营权抵押贷款（授信）采取分户贷款（授信）和集中授信两种方式。分户贷款（授信）指单个新型农业经营主体（家庭农场、农业大户、专业合作社、涉农企业）、农村居民以其自有土地承包经营权或流转土地承包经营权作抵押取得的贷款（授信）。集中授信指以区域（乡、村）为整体，以其区域内全部土地承包经营权综合评估作价，给予整体授信，在授信限额和期限内，分户贷款，循环使用。

4. 借贷及抵押当事人发生争议时怎么解决？

借贷及抵押当事人发生争议的，可通过协商调解解决，也可向人民法院起诉。

5. 农村承包土地的经营权抵押贷款利率上浮多少？

农村承包土地的经营权抵押贷款利率上浮原则上不得超过人民银行规定基准利率的20%。

6. 农村承包土地的经营权抵押贷款期限有哪些规定？

农村承包土地的经营权抵押贷款期限由借贷双方根据贷款用途，按照农业生产经营周期，综合考虑剩余承包期、偿还能力等因素合理确定，期限不得超过农村土地承包经营权剩余年限。以流转土地承包经营权作抵押的，期限不得超过流转期限。

7. 农村承包土地的经营权抵押贷款用途是如何规定的？

贷款人应把好贷款用途关，防范信贷风险和用地政策风险，借款人取得贷款必须用于农业生产、农业综合开发、农产品经营加工等涉农经济发展。

8. 农村承包土地经营权抵押贷款贷前调查时间如何要求的？

调查期限自申请日起不得超过3个工作日，并于调查结束后2个工作日内向申请人作出是否同意贷款（授信）的答复，同意贷款（授信）的须于5个工作日内办理好相关手续。

9. 抵押合同发生变更或者终止时，抵押当事人或者其委托的代理人应当多久办理变更或者注销抵押登记和记载?

抵押合同发生变更或者终止时，抵押当事人或者其委托的代理人应当在变更或者终止之日起10个工作日内，到原登记部门办理变更或者注销抵押登记和记载。

10. 抵押权与其担保的债权之间有何关联?

抵押权与其担保的债权同时存在，债权消灭的，抵押权也随之消灭。

11. 农村承包土地的经营权抵押贷款到期未按时得到清偿的，抵押重新变更登记期限如何确定?

债务履行期届满抵押权人未受清偿的，抵押重新变更登记期限延至债权实现之日止。

12. 农村承包土地的经营权抵押合同生效日期从哪天算起?

农村承包土地的经营权抵押合同自抵押登记之日起生效。

13. 由谁去办理农村承包土地的经营权抵押登记?

农村承包土地的经营权抵押登记，可由抵押双方当事人共同向抵押登记机关办理，也可以委托代理人向抵押登记机关办理（以新田县为例，图4-2）。

图4-2　新田县信达农村土地承包经营权信托有限公司

14. 农村承包土地的经营权抵押贷款需要偿还吗?

农村承包土地的经营权抵押贷款，与其他贷款一样，都需要按时还本付息。

15. 山地是否属于农村承包土地的经营权范畴?

不属于。农村承包土地的经营权是具备持续生产能力的耕地、种植园地、养殖场、养殖水面等农用地。

16. 有不良信用记录的农户等主体，能否申办农村承包土地的经营权抵押贷款？

不能。

17. 农村承包土地的经营权抵押贷款不够时，可以采用用其他担保方式吗？

可以。

18. 农村承包土地的经营权抵押贷款的期限是多长时间？

农村承包土地的经营权抵押贷款期限，一般为1～3年。

19. 农村承包土地的经营权抵押贷款试点期限结束后还可以申请此贷款吗？

可以。

20. 农村承包土地的经营权抵押贷款有风险补偿基金吗？

建有农村承包土地的经营权抵押贷款风险补偿基金专户。

21. 农村承包土地的经营权抵押贷款有哪些风险防控措施？

由县财政拨款设立的“农村承包土地的经营权抵押贷款风险补偿金专户”和承贷银行设立的“农地抵押贷款风险准备金”组成的风险防控机制，在农村承包土地的经营权抵押贷款出现风险时，即启动，并由县财政和承贷银行按比例共同承担责任。

22. 申请风险补偿资金需提交哪些材料？

（1）与新型农业经营主体、农户签订的贷款合同。

（2）借款借据及相关凭证。

（3）《贷款催收通知书》以及乡镇土地流转服务中心签署的审核证明。

以上材料须提交原件的复印件（A4纸），并加盖公章。

23. 什么情形下可以申请农村承包土地的经营权抵押贷款风险补偿资金进行补偿？

贷款因下列原因发生的损失，由县农村承包土地的经营权抵押贷款风险补偿资金进行补偿：

（1）借款人死亡、丧失劳动能力等原因丧失收入来源或收入不足清偿贷款的。

（2）因重大自然灾害等不可抗拒因素，对贷款人生产经营活动造成重大不利影响的。

（3）因企业经营不善，导致经营主体关门停产、中途跑路，经清产核资破产处置后，仍不足以偿还银行贷款的（图4-3）。

（4）试点工作领导小组认为需要进行其他补偿的。

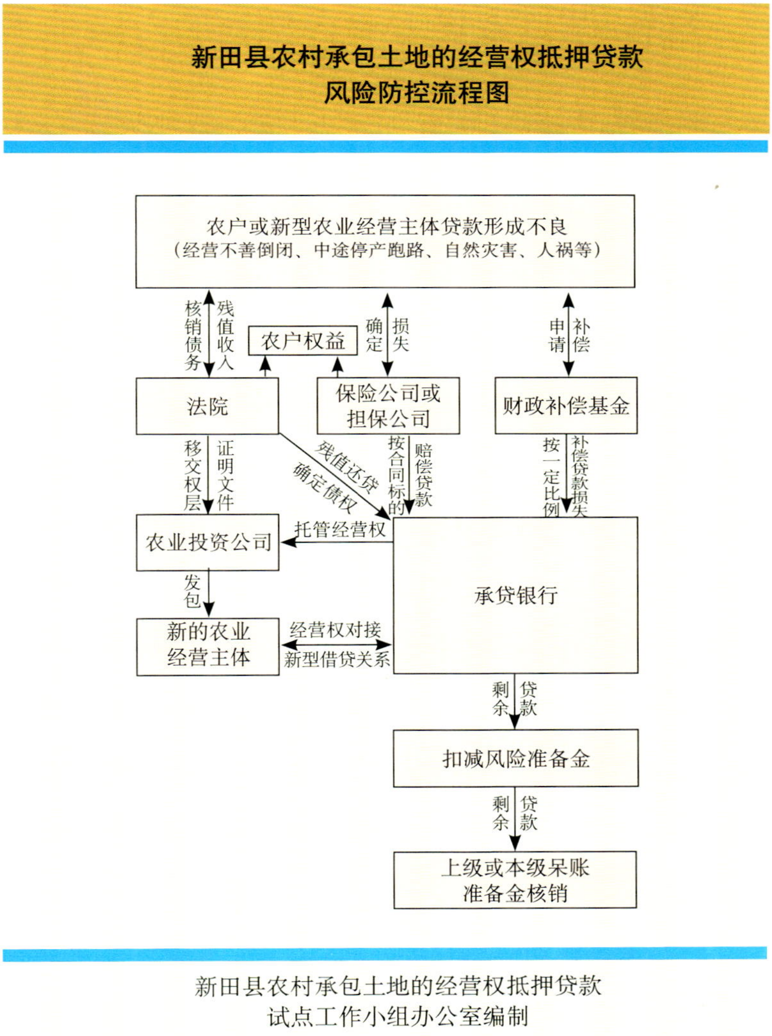

图4-3 新田县农村承包土地的经营权抵押贷款风险防控流程图

第五章　农民专业合作社

第一节　农民专业合作社的内涵

1. 什么叫农民专业合作社？

农民专业合作社，是指在农村家庭承包经营基础上，同类农产品的生产经营者，或者同类农业生产经营服务的提供者、利用者，自愿联合、民主管理的互助性经济组织。如新田县丰登土地专业合作社（图5-1）。

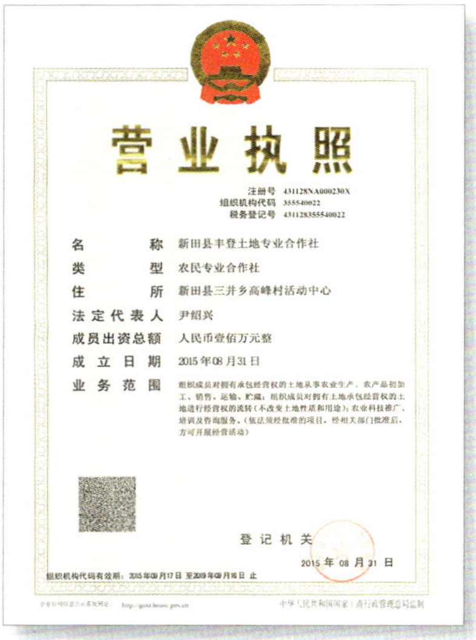
营业执照

注册号 431128NA000230X
组织机构代码 355540022
税务登记号 431128355540022

名　　称　新田县丰登土地专业合作社
类　　型　农民专业合作社
住　　所　新田县三井乡高峰村活动中心
法定代表人　尹绍兴
成员出资总额　人民币壹佰万元整
成立日期　2015年08月31日
业务范围　组织成员对拥有承包经营权的土地从事农业生产、农产品初加工、销售、运输、贮藏；组织成员对拥有土地承包经营权的土地进行经营权的流转（不改变土地性质和用途）；农业科技推广、培训及咨询服务。（依法须经批准的项目，经相关部门批准后，方可开展经营活动）

登记机关
2015年08月31日

组织机构代码有效期：2015年09月17日 至2019年09月16日 止

图5-1　新田县丰登土地专业合作社营业执照

2. 农民专业合作社的特点是什么？

（1）互助合作、规模经营。

（2）自愿联合、民主管理。

（3）入社自愿、退社自由。

（4）政府扶持、法律保障。

（5）依章经营、定期分红。

3. 农民专业合作社应当遵循哪些原则？

（1）成员以农民为主体。

（2）以服务成员为宗旨，谋求全体成员的共同利益。

（3）入社自愿、退社自由。

（4）成员地位平等，实行民主管理。

（5）盈余主要按照成员与农民专业合作社的交易量（额）比例返还。

4. 农民专业合作社的设立应当具备哪些条件？

（1）有五名以上符合《中华人民共和国农民专业合作社法》第十四条、第十五条规定的成员。

（2）有符合《中华人民共和国农民专业合作社法》规定的章程。

（3）有符合《中华人民共和国农民专业合作社法》规定的组织机构。

（4）有符合法律、行政法规规定的名称和章程确定的住所。

（5）有符合本合作社章程规定的成员出资。

5. 农民专业合作社成员享有哪些权利？

（1）参加成员大会，并享有表决权、选举权和被选举权，按照章程规定对本社实行民主管理。

（2）利用本社提供的服务和生产经营设施。

（3）按照章程规定或者成员大会决议分享盈余。

（4）查阅本社的章程、成员名册、成员大会或者成员代表大会记录、理事会会议决议、监事会会议决议、财务会计报告和会计账簿。

（5）章程规定的其他权利。

第二节　国家对农民专业合作社的政策扶持

国家对农民专业合作社的扶持主要体现在哪些方面？

（1）国家支持发展农业和农村经济的建设项目可以委托和安排有条件的有关农民专业合作社实施。

（2）中央和地方财政应当分别安排资金，支持农民专业合作社开展信息、培训、农产品质量标准与认证、农业生产基础设施建设、市场营销和技术推广等服务；对贫困地区的农民专业合作社给予优先扶持。

（3）国家政策性金融机构应当采取多种形式，为农民专业合作社提供多渠道的资金支持。

（4）国家鼓励商业性金融机构采取多种形式，为农民专业合作社提供金融服务。

（5）农民专业合作社享受国家规定的对农业生产、加工、流通、服务和其他涉农经济活动相应的税收优惠。

第六章 新型农业经营主体

第一节 新型农业经营主体的内涵

1. 何谓新型农业经营主体?

新型农业经营主体，是逐步形成的以家庭承包经营为基础，以专业大户、家庭农场、农民合作社、农业产业化龙头企业为骨干，其他组织形式为补充的，新型农业经营体系的重要组成部分，借助多种形式的农业规模经营和社会化服务，保障农业健康发展。

2. 新型农业经营主体的内涵是什么?

新型农业经营主体，强调的是“新”，是在农村新出现的生产模式，主要是指在完善家庭联产承包的基础上出现的，有文化、懂技术、会经营的职业农民和大规模经营并有较高的集约化程度和市场竞争力的农业经营组织。

第二节 新型农业经营主体的类型及特征

1. 新型农业经营主体的类型有哪些?

新型农业经营主体主要有家庭农场、农业大户、农民专业合作社、涉农企业等四种类型。

2. 新型农业经营主体的特征是什么?

（1）家庭农场　家庭农场是以家庭成员为生产主体的企业化经营单位，具有法人的性质，和专业大户相比，虽然都是以家庭为单位，但是其生产链较长，集约化、专业化程度较高，并非简单地从事初级的农产品生产。这种模式集专业化的农产品生产、加工、流通、销售为一体，可以涵盖到第一、二、三产业。例如一户人家可以既从事大规模的土地种植，又开办农产品加工厂，还从事乡村旅游或者经营农家乐等。特点就是商品化水平较高，生产技术和设备较为先进，规模化和专业化程度较高，生产效率极高。

家庭农场是一个起源于欧美的名词，在中国，它类似于种养大户的升级版，是近几年来农林经济的新亮点。2008年党的十七届三中全会报告第一次将家庭农场作为农业规模经营主体之一提出。2013年，中央2号文件再次提到家庭农场，鼓励和支持承包土地向专业大户、家庭农场、农民合作社流转。

（2）农业大户　农业大户是指主要从事某种单一的农产品的初级为主的涉农企业，其规模要大于分散经营农户的生产规模，而且专业程度较高。区分其与一般农户的标准，主要有两个维度，即规模和专业化。特点就是所生产的农产品较为单一，参与市场流通比较被动，生产效率和普通农户相比有所提高。

农村大户经济是当前农村产业组织创新的阶梯，他突破了家庭的生产边界，拥有较多的设备和较先进的技术，是农村生产关系调整、农业生产经营形式创新和农户整合变异的产物，是农村先进生产力的代表。

（3）农民专业合作社　农民专业合作社是以其成员为主要服务对象，提供农业生产资料的购买，农产品的销售、加工、运输、贮藏以及与农业生产经营有关的技术、信息等服务的互助性经济组织。其最明显的特征是：自愿联合、民主管理。

（4）涉农企业　涉农企业即参与到农业产品的加工、销售、研发、服务等活动和从事农业生产资料生产、销售、研发、服务活动的企业。涉农企业通常包括四种类型：一是为农产品提供生产资料的农资企业；二是农产品生产企业；三是农产品加工企业；四是农产品流通企业。涉农企业在实现自身发展的同时，也能带动农户的发展，甚至带动一个区域的特色农产品的发展，效率远远高出前三种新型农业经营主体。

第三部分

新田县试点工作的实践与创新

第七章　新田县试点工作的实践

第一节　新田县因地制宜制定试点工作可行性实施方案

新田县农村承包土地的经营权抵押贷款试点实施方案

根据《全国人大常委会关于授权国务院在北京市大兴区等232个试点县（市、区）、天津市蓟县等59个试点县（市、区）行政区域分别暂时调整实施有关法律规定的决定》，按照《国务院关于开展农村承包土地的经营权和农民住房财产权抵押贷款试点的指导意见》（国发〔2015〕45号）、《农村承包土地的经营权抵押贷款试点管理办法》以及《湖南省“两权”抵押贷款试点实施意见（暂定名）》等文件要求，为进一步深化农村金融改革创新，有效拓展“三农”融资抵押范围，积极稳妥做好农村承包土地的经营权抵押贷款试点工作，结合新田县实际，制订本实施方案。

一、工作目标

（一）组织领导机制规范高效

通过两年期全国人大常委会授权范围内农村承包土地的经营权抵押贷款试点工作，建设“职能合理、责任明确、规范有序、运转高效”的组织领导机制。

（二）贷款试点实现“三有”目标

1. 贷款规模、参与面有突破

2017年年末，力争全县农村承包土地的经营权抵押贷款余额达到1.5亿元，动员全县金融机构积极参与发放贷款，有效化解“三农”融资难题，推动农业和农村经济发展，助力实现精准扶贫、脱贫。

2. 信贷产品和服务方式有创新

结合金融扶贫“1+N”工作机制，全面开展面向广大农户的农村承包土地的经营权抵押小额贷款，重点推进新型农业经营主体产业开发规模信贷业务，开辟农村承包土地的经营权抵押贷款“绿色通道”，提高抵押贷款业务办理效率。

3. 贷款管理制度有复制推广性

通过两年的试点工作，形成较为完善且可以复制推广的农村承包土地的经营权抵押贷款管理办法、操作规程和贷款投放等制度。

（三）抵押物处置机制较为完善

依托新田农村土地流转服务中心打造抵押物处置平台，引入商业性农村土地流转信托公司作补充，建立完善抵押物挂牌处置和市场化再流转机制。

（四）相关配套设施较为健全

一是土地确权颁证工作全面完成。争取在2016年6月前全面完成新田县农户《农村土地承包经营权证》的颁发。二是建立健全农村承包土地经营权抵押、登记、评估、交易平台。到2017年年末，建立健全经县政府授权设立的“县、乡、村”三级“农村土地流转服务中心、服务站”。设立农村土地流转交易评估中心和抵押登记过户中心。制定出台农村土地流转基准价文件，确立抵押物价值评估方式。建设县级农村土地流转数据库信息系统，打造规范高效的农村土地产权交易平台。三是创新三种农村土地集中流转模式。四是推广《农村土地经营权流转证》的使用，针对性地解决新型农业经营主体融资抵押难题。五是建立健全风险补偿及缓释机制。设立500万元的“新田县农村承包土地的经营权抵押贷款风险补偿基金”，进一步完善政策性保险制度。六是建立抵押贷款多部门联合办公平台，提高业务办理效率。

二、基本原则

（一）依法有序

新田县农村承包土地的经营权抵押贷款试点坚持于法有据，遵循《中华人民共和国土地管理法》以及“三农”、金融等有关法律法规和政策要求，遵守现行农村土地制度和产权制度，在全国人大常委会授权范围内开展试点工作。

（二）自主自愿

试点工作切实尊重农民意愿，坚持由新型农业经营主体和农户等自愿申请，确保广大农民群众成为真正的知情者、参与者和受益者。流转土地的经营权抵押贷款需经承包农户同意。新田县金融机构在财务可持续发展基础上，按照有关规定自主开展农村承包土地的经营权抵押贷款业务。

（三）稳妥推进

在维护农民合法权益前提下，妥善处理好农民、农村集体经济组织、金融机构之间的关系，慎重稳妥推进农村承包土地的经营权抵押、担保、转让等试点工作。

（四）风险可控

坚守土地公有制性质不变、耕地红线不突破、农民利益不受损的底线。通过完善确权颁证、价值评估、流转交易平台搭建、风险补偿和抵押物处置机制等配套政策措施，有效防范、控制和化解风险，确保试点工作平稳顺利实施。

三、试点内容

（一）落实“农村承包土地的经营权”抵押融资权能

农村承包土地的经营权抵押贷款业务，是指在不改变农村土地所有权和承包权权属，不改变土地农业用途，不破坏农业综合生产能力的前提下，以农村土地的经营权作为抵押物的一种贷款业务。

1.明确贷款对象、条件

通过家庭承包方式取得自有土地经营权或通过合法流转方式获得土地经营权的新型农业经营主体（家庭农场、农业大户、专业合作社、涉农企业）、农村居民等，因发展农业生产经营需要，可以向银行业金融机构申请农村承包土地的经营权抵押贷款。

2.申请贷款用途

借款人取得农村承包土地的经营权抵押贷款须用于农业生产、农业综合开发、农产品经营加工等涉农经济发展。

3.贷款额度

承办金融机构要根据借款人生产经营状况、偿债能力、还款来源、贷款真实需求、信用状况等因素，合理确定农村承包土地的经营权抵押贷款的最高额度，额度原则上不超过农村土地经营权评估确认价值的75%。

4.贷款期限

由借贷双方根据贷款用途，按照农业生产经营周期，综合考虑剩余承包期、偿还能力等因素合理确定，期限不得超过农村土地承包经营权的剩余年限。以流转经营权作抵押的，期限不得超过流转期限。

5.贷款利率

贷款利率参照中国人民银行公布的同期同档次基准利率，原则上不得超过人民银行规定基准利率的20%，应低于本单位同类同档次信用贷款利率。

（二）推动农村金融产品和服务方式创新

鼓励和引导金融机构开展以农村承包土地的经营权为抵押担保的信贷产品和服务方式创新，切实满足农户及新型农业经营主体对金融服务的需求。

1. 推出“农村承包土地的经营权抵押贷款+精准扶贫”信贷产品和服务方式创新

充分运用金融扶贫“1+N”工作机制，结合新田县精准扶贫小额信贷支持计划实施方案，开展面向广大农户的农村承包土地的经营权抵押小额贷款，重点推进新型农业经营主体产业开发规模信贷业务，以地方法人金融机构为主体，以《农村土地经营权流转证》为基础开展评级授信，面向农民专业合作社推出《流转便民卡》信贷服务，金额50万元以内，期限三年，一次授信，循环使用，有效契合产业精准扶贫政策，助推精准脱贫。

2. 开辟农村承包土地的经营权抵押贷款“绿色通道”

金融机构受理农村承包土地的经营权抵押贷款业务后，要简化贷款程序，减少贷款环节，提高办理效率。及时对借款人主体资格、经营状况等进行调查，以流转经营权申请贷款的，还应对土地流转合同的真实性、合法性和有效性进行调查了解。调查期限自申请之日起不得超过3个工作日，并于调查结束后2个工作日内向申请人做出是否同意贷款的答复，同意贷款的须于5个工作日内办理好相关手续。

（三）建立抵押物处置机制，加强风险保障

依托新田农村土地流转服务中心打造抵押物处置平台，引入商业性农村土地流转信托公司作补充，建立完善抵押物挂牌处置和市场化再流转机制。

借款人应加强对抵押经营权的监管，抵押经营权价值发生较大变化的，应及时告知贷款人，如造成风险的要及时追加其他抵押担保。当借款人未履行还款义务，造成贷款损失的，应依法对抵押经营权进行处置。对抵押的土地经营权及附着物，在遵守现行法律法规、保障农民权益的前提下，可以采取以下四种方式处置。一是转让：贷款人依法通过农村土地流转服务中心使抵押经营权进入流转市场，通过获取转让收益清偿贷款本息。二是变更：贷款人依法通过农村土地流转服务中心使抵押经营权进入流转市场，通过变更方式，在不改变土地的农业用途性质的情况下，变更土地经营权人，由新的土地经营权人履行还贷义务。三是变现：发生借贷双方约定的实现抵押权的情形，抵押权人与抵押人在协商基础上，可将抵押经营权依法定程序折价或者拍卖、变卖该抵押经营权。四是诉讼：抵押人不能通过协商处置抵押的土地经营权时，贷款人通过诉讼方式解决。

（四）完善配套措施，提供基础支撑

1.加快推进新田县农村土地确权颁证工作

在全面完成新田县373个行政村土地承包经营权确权的基础上，加快颁证进度，争取在2016年6月前完成全县农户《农村土地承包经营权证》的颁发。

2.健全完善农村土地经营权流转制度

在前期试点成功的基础上，推广流转经营权概念，由县政府制订统一规范的《农村土地经营权流转证》，加大向新型农业经营主体颁发《农村土地经营权流转证》力度，切实解决新型农业经营主体融资抵押难问题。

3.加快建设农村土地流转服务平台

由县政府制定出台农村土地流转基准价文件，成立新田县农村土地流转服务中心，承担流转交易及价值评估职能。建设县级农村土地流转数据库信息系统，打造规范高效的农村土地产权交易平台。

4.创新推动农村土地集中化流转模式

在保障广大农民群众利益和切实尊重农民意愿的基础上，引导推动农村土地向新型农业经营主体集中化流转，创新农村土地规模化流转的多种模式，并提高流转速度。模式一：由农户签订委托合同，由村“两委”归集土地，再集中向新型农业经营主体流转。模式二：由农户将土地流转给信托公司，再由信托公司向新型农业经营主体流转。模式三：引导和鼓励农户成立农村土地流转合作社，以土地入股，自主参与新型农业经营主体的生产经营活动，更好地享受土地经营权的流转成果。

5.建立健全农村承包土地经营权抵押登记评估机制

一是成立新田县农村土地经营权抵押登记过户中心，制订抵押登记过户管理制度和操作规程。二是合理确定抵押物价值。农村承包土地的经营权抵押价值的确定根据土地所在区域、承包土地经营权剩余期限、流转价款及剩余支付价款、附着物及其预期收入、流转市场等因素综合考虑，农村承包土地的经营权评估价值=土地年平均净收益×经营期限。农村土地经营权抵押价值可以由抵押当事人共同协商确定，也可以由县农村土地流转服务中心评估确定，原则上贷款金额在10万元以下（含10万元）由当事双方评估协商确定，10万元以上由流转服务中心评估确定。

6.建立风险补偿和缓释制度

一是设立规模500万元的“新田县农村承包土地的经营权抵押贷款风险补偿基金”，根据承担抵押贷款试点职责和规模，按比例分别存入各承贷涉农金融机构，专户存储、专项使用。初期由县政府出资设立，再逐步采取“政府与承贷地方法人金融机构合作增资”和“对农村承包土地的经营权抵押贷款采取财政贴息，在一定期限内扣减一定比例的贴息资金用于补充风险补偿基金”两种方式进行补充。二是完善政策性保险制度。政府按一定比例对保险费用进行补贴，鼓励和引导抵押借款新型农业经营主体和农户全面参与农业保险，扩大农业保险覆盖范围，平衡好农民合法权益与金融机构的正当利益。

7.建立抵押贷款联合办公平台

推动建立统一的承贷主体涉农金融机构与流转中心联合办公的业务平台，实行办理抵押贷款“流水线服务”，提高抵押贷款业务办理效率，方便广大农民群众。

四、实施步骤

（一）启动阶段（2016年1月至2016年3月）

成立新田县农村承包土地的经营权抵押贷款试点工作小组，出台实施方案，明确实施细则，各承贷金融机构制定抵押贷款管理办法和操作规程。

（二）组织实施阶段（2016年4月至2017年10月）

各相关部门通力配合，积极推动试点各项工作。2016年4月至5月，成立新田县农村土地流转服务中心、镇（乡）流转服务中心和新田县农村土地经营权抵押登记过户中心等机构；建立完善农村土地经营权流转交易评估、抵押登记过户、风险处置相关管理制度和操作办法，并开展集中宣传。2016年6月，基本完成全县农村土地承包经营权确权登记颁证工作，为农户颁发《农村土地承包经营权证》，为新型农业经营主体颁发《农村土地经营权流转证》；设立“新田县农村承包土地经营权抵押贷款风险补偿基金”。初步发放农村承包土地经营权抵押贷款。2016年7月至2017年10月，全面深入开展新田县农村承包土地的经营权抵押贷款试点工作，建立完善新田县农村土地经营权流转数据库信息系统。

（三）总结评估阶段（2017年11月至2017年12月）

对试点效果进行评估总结。

五、工作要求

（一）加强组织领导

成立以县委书记为顾问、县政府县长为组长，县委副书记、县政府常务副县长、分管农业的县政府副县长为副组长，县人民银行、经管局、金融办、财政局、发改委、国土资源局、林业局、法制办及各金融机构主要负责人为成员的新田县农村承包土地的经营权抵押贷款试点工作小组，负责抵押贷款试点工作的组织指导、综合协调、宏观管理。小组办公室设在人民银行新田支行，具体负责抵押贷款试点工作的日常实施。各成员单位安排一名分管领导为联络员，承担成员单位间的日常联系、信息沟通等工作。

（二）明确职责分工

试点工作小组成员单位各司其职。人民银行新田支行负责制订新田县农村承包土地的经营权抵押贷款试点工作实施方案，指导督促辖内涉农金融机构制订抵押贷款管理办法及操作规程。要发挥好行业牵头带动和业务引导作用，组织、引导、督促辖内涉农金融机构积极放贷、有效放贷，协调、推动相关职能部门、社会各界全面参与农村承包土地的经营权抵押贷款试点工作。县经管局负责推进农村土地的确权颁证工作，全面建设县级农村土地流转服务中心、镇（乡）流转服务中心、村级流转服务站等农村土地流转交易评估服务体系，建立完善农村土地的经营权抵押、登记、过户等组织架构及操作规程；县财政局负责落实抵押贷款风险缓释及补偿基金设立；金融办、发改委、国土资源局、林业局、法制办负责落实相关配套政策及提供法律咨询。各金融机构具体承办农村承包土地的经营权抵押贷款业务。

（三）开展监测评估

建立新田县抵押贷款试点工作进展监测评估制度，按照“实时监测、每季评估”的原则，由相关职能部门对农村承包土地的经营权确权颁证及农村承包土地的经营权流转证颁发进度、农村承包土地的经营权抵押贷款发放及额度、流转服务平台建设、基金设立运转等开展监测，对承贷主体（新型农业经营主体、农户及金融机构）、抵押评估、登记过户、风险缓释与补偿、抵押物处置等方面的管理制度、操作办法、业务流程实施的合理性和有效性进行评估。

（四）做好宣传引导

对试点政策、典型经验和成功做法等内容，采取多种形式适时进行宣传引导，让社会各界特别是广大农民群众和新型农业经营主体了解政策，积极参与抵押贷款试点工作。及时关注、反馈试点潜在的问题和风险，做好风险预案，营造良好的工作氛围。

第二节　新田县农村承包土地经营权抵押贷款试点工作的相关问题

1. 新田县何时被批准为全国农村土地经营权抵押贷款工作试点县？

新田县在2015年12月被国务院批准为“全国农村承包土地的经营权抵押贷

款”工作的试点县。

根据《国务院关于开展农村承包土地的经营权和农民住房财产权抵押贷款试点的指导意见》（国发〔2015〕45号）和《全国人民代表大会常务委员会关于授权国务院在北京市大兴区等232个试点县（市、区）、天津市蓟县等59个试点县（市、区）行政区域分别暂时调整实施有关法律规定的决定》，新田县被列为全国试点县之一。这是党中央对新田县“农村承包土地的经营权抵押贷款工作”取得成绩的高度肯定，也彰显出了新田县委政府领导“依法行政，务实创新”的办事能力。

2. 新田县首创的“农村金融新型信贷产品”有何特点？

农村金融新型信贷产品，指的是政府为推进农村承包土地经营权抵押贷款工作，充分运用“1+N”金融扶贫的模式，创造性地发展成为“农村承包土地经营权抵押贷款+精准扶贫”工作机制。

农村金融新型信贷是“金融扶贫”“精准扶贫”模式的再次发展，是在精准扶贫小额信贷的基础上，重点推进新型农业经营主体产业开发规模信贷业务。其具体做法是：以地方法人金融机构为主体，以《农村土地经营权流转证》为基础，开展评级授信，面向农民专业合作社推出《流转便民卡》，确定贷款限额50万元以内，期限三年。这就真正做到了“一次授信，循环使用”，有效契合产业精准扶贫政策，助推精准脱贫。

3. 新田县开辟农村承包土地经营权抵押贷款“绿色通道”的要求有哪些？

（1）金融机构受理农村承包土地的经营权抵押贷款业务后，要简化贷款程序，减少贷款环节，提高办理效率。

（2）及时对借款人主体资格、经营状况等进行调查，以流转经营权申请贷款的，还应对土地流转合同的真实性、合法性和有效性进行调查了解。

（3）调查期限自申请日起不得超过3个工作日，并于调查结束后2个工作日内向申请人作出是否同意贷款的答复，同意贷款的须于5个工作日内办理好相关手续。

4. 农户农村承包地的经营权抵押贷款的期限及数额有何规定？

（1）贷款期限　农户以今后数年土地承包经营权作抵押，在金融机构取得贷款后用于土地经营，适宜于中长期贷款。

贷款期限+土地承包经营权抵押期限≤剩余土地承包经营期限

（2）贷款数额

贷款数额=承包土地面积×土地评估价格×抵押期限×可贷比例

示例：一农户有3亩耕地，土地承包经营合同内剩余期限15年，土地承包经营权估价为500元/（亩·年），欲以此3亩耕地的10年承包经营权为抵押在金融机构取得期限为两年的贷款用于农业投资，可贷比例为60%。那么该农户取得的贷款额为：

贷款额=3亩 ×500元/（亩·年）×10年 ×60% =9 000元

5. 金融机构对农户承包土地的经营权质押贷款应如何处置？

（1）农户承包土地的质押贷款，即农户不想再经营土地，欲取得贷款投资于其他领域，在土地承包经营期内，可以以数年的土地承包经营权为质押，在金融机构取得贷款。

（2）承包土地经营权质押期限不得超过剩余土地承包经营期限。

6. 农村经济合作组织承包土地的经营权抵押贷款有何要求？

农村经济合作组织欲获得信贷资金支持，以土地承包经营权抵押时，必须取得该组织2/3以上成员通过，所有组织成员共同承担责任。

7. 金融机构取得土地承包经营权后应如何处置？

如果以土地承包经营权抵押贷款的农户或农村经济合作组织贷款到期后，未如期归还贷款，依据贷款合同，金融机构将取得土地承包经营权的处置权。质押土地承包经营权贷款合同成立后，金融机构即取得土地承包经营权的处置权。金融机构应采取竞拍或其他途径，由另外的个人或组织承包土地经营。承包价格原则上不得低于原抵押贷款合同中土地承包经营权估价，新的承包人不得改变土地用途，承包期限不得大于抵押期限。新承包合同到期后，原土地承包经营权人通过竞拍或其他途径优先赎回土地承包经营权。

第八章　新田县试点工作的创新

第一节　新田县农村承包土地经营权抵押贷款工作的创新

1. 首创“新田模式”：“1+N”

新田县运用“1+N”工作机制，以央行再贷款等货币政策工具为“1”，将农地抵押贷款试点与地方政府部门的精准扶贫、创业就业、农业产业化发展等政策资源“N”相融合，调动农地抵押贷款款借贷双方的参与积极性。

一是依托金融扶贫服务站推动农地试点工作。依托中国人民银行推动建成的贫困村金融扶贫服务站，帮助收集建档立卡贫困农户金融服务基础信息、信用档案，向开办农地抵押贷款试点的金融机构提出信用评级初审意见。协助承办金融机构开展贫困农户农地抵押贷款融资需求调查，做好融资配套服务。印制宣传资料，开展农地抵押贷款试点政策入村宣传。

二是结合扶贫再贷款示范点创建推动农地试点工作。新田县把握央行在本县开展扶贫再贷款示范县创建的契机，获得了央行对新田县农商行在扶贫再贷款规模等方面的重点倾斜，并按要求将扶贫再贷款资金主要用于支持产业扶贫和小额信贷，优先支持贫困户以及吸纳贫困户就业、流转贫困户土地、收购贫困户产品的新型农业经营主体，严格执行基准利率。实现了调动银行积极性，做大农地试点贷款规模和做好扶贫再贷款示范点的“三赢”。如在央行1.8亿元扶贫再贷款的支持下，新田农商行向新田农地抵押贷款重点企业、产业扶贫重点企业、扶贫再贷款示范点——新田东升农场，累计发放农村土地流转经营权抵押贷款30笔，金额4 138万元。

三是创新农地抵押贷款授信模式。新田县金融机构在央行的引导下，开展农地抵押贷款授信模式创新，授信按照“核定额度、循环使用、凭证贷款、随借随还”的模式管理。2016年4月，在新田县举办的农村承包土地的经营权抵押贷款试点首期贷款授信仪式上，5家金融机构向13家获得《农村土地经营权流转证》的新型农业经营主体集中授信6 350万元，2018年6月，在新田县农村承包土地的经营权抵押贷款第二期集中授信仪式上县农业银行、农商银行、工商银行、邮政储蓄银行、建设银行、农业发展银行为舜康生态农业科技有限公司等89家新型农业经营主体授信32 110万元。涉及流转耕地33 049亩，农户12 261户，其中贫困农户8 000户。这标志着该县农村承包土地的经营权抵押贷款试点工作又一次迈出新步伐。

2. 新田县破解新型农业经营主体融资难题

主要是创设了三本证书，即：

第一，创设《农村土地经营权流转证》（图8-1）；

第二，创设《湖南省新田县农村土地经营权他项权利证明书》（图8-2）；

第三，创设《新田县农村信用社农村承包土地的经营权抵押贷款（授信）协议书》。

以上三本证书的创设，为有效缓解新型农业经营主体“融资难”提供了法律层面的保障，这是新田县农村承包土地的经营权抵押贷款试点工作取得的新成果。

图8-1 湖南省新田县农村土地经营权流转证

图8-2 湖南省新田县农村土地经营权他项权利证明书

3. 探索出“33145”做法

（1）三个服务平台　即在县、乡、村三个层面构建完整的农村土地流转服务平台，为发布土地信息、开展流转交易提供服务，并帮助农民群众流转土地经营权，增加资产性收入。建立108个金融扶贫服务站，既能为农村土地流转及“农地”抵押贷款提供信息服务，也能为新型农业经营主体和农户办理信贷提供便利。

（2）三种土地流转模式　即“农户+土地信托公司+新型农业经营主体”“农户+土地合作社+新型农业经营主体”“农户+村民委员会+新型农业经营主体”三种土地流转模式。

（3）一套证书　即设计并推出包括承包土地经营权流转合同、经营权流转证书、抵押权他项权证在内的整套法律文书，创造性地为新型农业经营主体颁发《农村土地经营权流转证》。流入方能够用土地流转证作抵押，向银行申请贷款，从法理和农村社会现实层面，为有效缓解新型农业经营主体“融资难”提供了切实可行的解决办法。

（4）四种价值评估方法　即以土地年平均净收益和经营期限为依据，通过承贷银行内部定价、借贷双方协商定价、政府平台定价、市场评估定价四种模式，合理确定农村承包土地经营权的价值。在实际操作中，政府土地流转平台定价的方式评估不收费且结果易被各方接受，因此所发放的贷款占全部“农地”抵押贷款的91.8%。

（5）五大保障　即为切实防风险而推出五大保障措施。一是强化风险补偿基金保障。由县财政拨款，设立“新田县农村承包土地的经营权抵押贷款风险补偿基金”专户，金融机构按1 ： 10的比例放贷。二是强化银行风险补偿准备金保障。承贷银行建立“农地抵押贷款风险补偿准备金”，每季度按比例计提，出现风险时经相关部门审核认定后核销，年末交税时抵扣。三是强化银行坏账核销保障。对地方性银行要求从已计提的呆账、坏账准备金中核销部分不良贷款，对国有银行分支机构责成其积极主动向上级行申请核销。四是强化抵押贷款保险保障。一方面银行依托政策性融资担保机构对农地抵押贷款进行担保。另一方面建立贷款风险保险制度，出现贷款风险时，由保险公司进行补偿。五是强化政府主导公司托管保障。成立农建投公司，为政府主导的农业投融资平台。如果新型农业经营主体不能维持正常经营生产，农建投公司将接管其土地流转经营权，再公开招标其他农业经营主体接盘运营。通过落实“五个保障”，迄今新田县全县农村承包土地的抵押贷款未出现不良贷款，为试点工作提供了强有力的支撑。

第二节　新田县农村承包土地的经营权流转及矛盾纠纷调处仲裁机构

1. 新田县农村土地流转服务中心

（1）简介　新田被确定为全国农村承包土地的经营权抵押贷款试点工作县以来，新田县委、县政府高度重视，全县安排经费720万元用于县镇村三级农村土地流转平台及土地纠纷调解和仲裁体系建设。新田县高标准建设农村土地流转中心和县农村土地纠纷仲裁委员会。同时，各乡镇按要求成立土地流转服务中心和土地纠纷调解委员会，各村相应地成立了土地流转服务站和土地纠纷调解小组。形成了土地流转和纠纷调解“三级平台就地消化处理各种土地矛盾纠纷90余起，未发生群体性事件及上访事件。

新田县农村土地流转中心主要承担以下职责：①宣传、贯彻《农村土地承包法》和中央省、市、县有关农村土地承包流转的法律法规和政策；②指导乡镇、村组搞好土地流转信息的收集、登记、传送、发布，统一对外发布50亩以上的规模流转信息；③建立土地流转信息库，为流转供求双方提供信息服务；④负责农村土地承包和土地流转来信来访的调查工作，调查土地承包方的真实性和承接方的可行性，维护流转双方的合法权益；⑤负责指导乡镇农村土地流转中心建设，完善土地承包和土地台账，搞好土地承包和土地流转档案管理；⑥统一全县土地流转合同文本格式，指导签订并鉴证土地流转合同，受理农村土地承包经营权证换证申请，做好土地流转专项扶持项目实施和奖补资金落实（图8-3～图8-7）。

图8-3　农户向土地流转中心工作人员咨询农地经营权抵押贷款相关政策

图8-4　县土地流转服务中心工作人员向新型农业经营主体负责人讲解如何办理《农村土地经营权流转证》

图8-5　新田县农村承包土地的经营权抵押贷款试点首期授信签约仪式现场

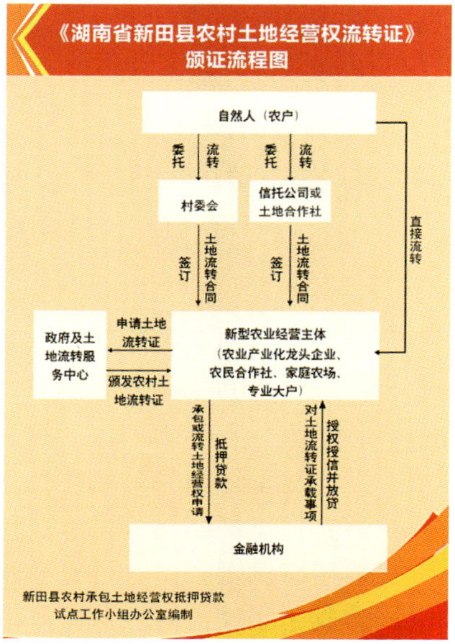

图8-6　《湖南省新田县农村土地经营权流转证》颁证流程图

图8-7　新田县农村土地流转服务中心和新田县邮储银行工作人员到新型农业经营主体作现场评估

（2）在新田县委、县政府的高度重视下，新田县土地流转中心采取“三结合三服务”的模式，取得了以下成效。

与土地确权颁证相结合，为农村土地流转服务。坚持以确权登记为基础，以实现土地流转为导向，以推进现代农业发展为落脚点，积极探索新的流转模式。目前新田全县农村土地流转10 800笔，流转耕地面积17万亩，占总耕地面积的52.8%。其中，新型农业经营主体办理《湖南省新田县农村土地经营权流转证》170本，涉及12 053户，其中贫困户2 413户。东升农场连片流转土地5 000亩，建成富硒蔬菜核心基地，辐射带动周边发展蔬菜基地近万亩。湖南省儒果农业开发有限公司、广东温氏集团、湖南省三箭现代农业科技有限公司等农业企业先后落户新田。

与经营权抵押贷款相结合，为新型经营主体融资服务。新田县大胆先行先试，制定出台《新田县农村承包土地的经营权抵押贷款试点实施方案》和《新田县人民政府办公室关于2016—2017年农村土地流转指导基准价的通知》等规范性文件。以农村土地流转合同为凭据，由新田县政府向新型农业经营主体颁发《湖南省新田县农村土地经营权流转证》和《湖南省新田县农村土地经营权他项权利证明书》，作为新田县内融资的有效证件，从而创造性地解决了农村土地融资的“瓶颈”问题，为盘活农村存量资源、拓宽“三农”融资渠道、破解新型农业经营主体“融资难”问题开辟了一条新路。新田县皇许粮食品有限公司等85个农业经营主体，取得了《湖南省新田县农村土地经营权流转证》，获得农商行、农行、邮政储蓄银行、建行、工行等金融机构授信6 350亿元。新田县政府2018年已发放《湖南省新田县农村土地经营权他项权利证明书》48本，银信部门累计发放贷款5 000多万元。其中，东升农场成功流转土地5 000亩，获得授信贷款3 000万元，贷款余额1 000万元。有效地解决了农村新型经营主体贷款难的问题，促进了适度规模的现代农业发展（图8-8）。

图8-8　新田农业经营主体负责人以《农村土地经营权流转证》作抵押向新田农商银行申请贷款

与制定规划相结合，为发展现代农业服务。将确权证工作与产业规划布局、新农村进了适度规模的现代农业发展建设、经营权抵押贷款、发展新型组织结合起来，释放农村产权制度改革红利。围绕特色编制规划，围绕规划确定项目，围绕项目整合资金，编制了《新田县富硒产业发展规划》。从2015年年中开始，通过政府采购的方式，已确定由广东友元国土信息工程有限公司承担新田县农地利用编制工作，加大了对农业产业化龙头企业和专业合作社的扶持，全县家庭农场、农民专业合作社如雨后春笋，发展迅速。截至2017年年底，全县已有农民专业合作社311个、家庭农场137家、市级龙头企业26家；2018年申报省级示范农民专业合作社1家、市级示范农民专业合作社5家。

2. 新田县成立了农村土地承经营权纠纷调解仲裁机构

为了及时有效地化解农村土地承包经营权纠纷，新田县依法成立了“农村土地承包经营权纠纷仲裁委员会”和“各乡镇农村土地流转及土地承包经营权纠纷调解机构”。“农村土地承包经营权纠纷仲裁委员会”设首席仲裁员、仲裁员若干名；“各乡镇农村土地流转及土地承包经营权纠纷调解机构”，由县主管部门分别聘请2 ～ 3名调解员(图8-9 ～图8-12)。

图8-9 新田县农村土地承包经营权仲裁机构

图8-10 新田县农村土地承包经营权仲裁机构办公场所

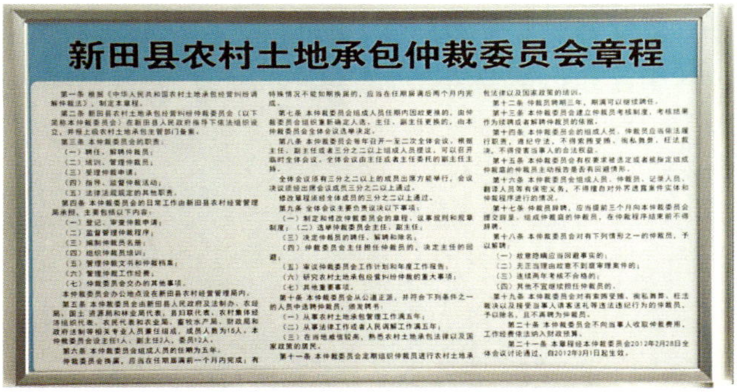

图8-11 新田县农村土地承包仲裁委员会章程

图8-12　新田县农村土地承包仲裁委员会制度

3. 乡镇土地流转及土地承包经营纠纷调解机构

为了确保土地流转工作的顺利进行，新田县土地流转服务中心大胆试行“纠纷调解前置”新举措，在全县各乡(镇)成立：“某某乡(镇)、土地流转服务中心”“某某乡(镇)、村土地承包经营纠纷调解委员会”。实行“一套班子、两块牌子”的运作机制，具体负责及时处理本辖区内“土地流转及纠纷调解”相关事项工作。同时，还统一印制了《土地流转服务中心工作制度》(图8-13、图8-14)。

图8-13　乡镇土地流转服务中心和农村土地承包经营纠纷调解委员会

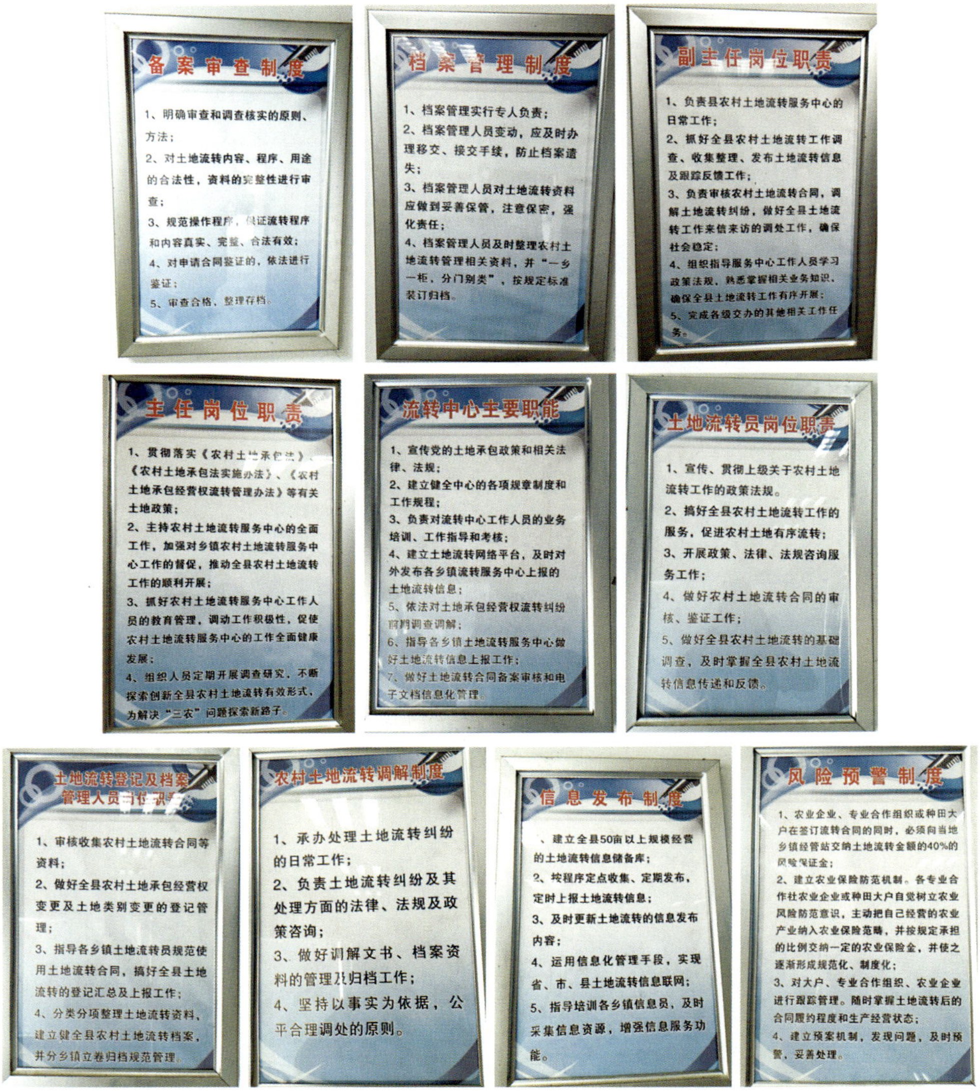

图8-14　三井镇土地流转服务中心及土地承包经营纠纷调解委员会办公室前的授牌

4. 村级土地流转服务站、土地承包经营纠纷调解室

新田县土地流转服务中心，为了规范村级土地流转服务站的岗位职责和工作程序，在各乡(镇)成立了：“村级农村土地流转服务站”和“村级土地流转调解工作室”，统一印制了《村土地流转服务站主要职能》和《村土地流转调解制度》等管理制度(图8-15 ～图8-18)。

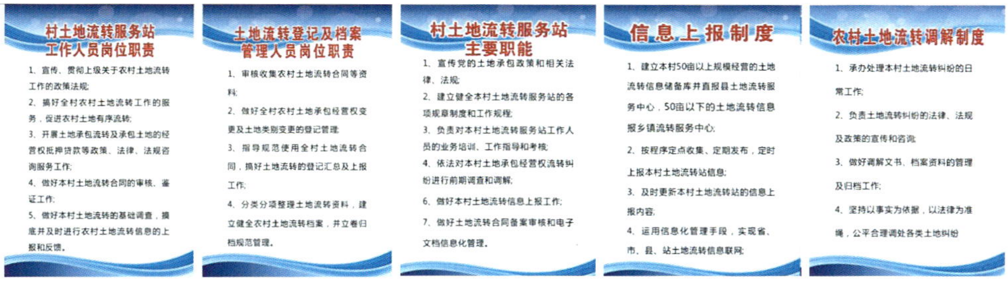

图 8-15　工作制度

图 8-16　宣传栏（1）

图 8-17　宣传栏（2）

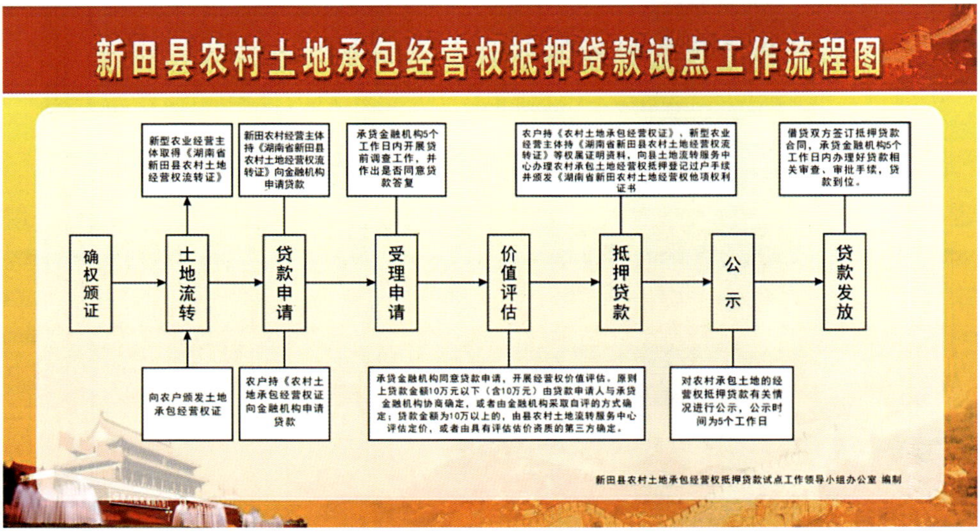

图8-18　宣传栏（3）

第三节　新田县金融机构创新试点县扶贫再贷款模式

1. 中国人民银行新田支行

中国人民银行新田支行于1992年7月1日成立（图8-19）。下设人秘监察股，货币信贷股和会计国库股三个股室。中国人民银行新田支行以习近平新时代中国特色社会主义思想为指导，以党风和作风廉政建设为主线，积极贯彻落实全国金融工作会议精神和党中央货币政策决策部署，认真履行金融宏观调控和金融服务工作职责，创造性地开展各项工作，确保了辖区内金融运行平稳和金融平安，精准对接中央、省、市、县脱贫攻坚战略，加大金融扶贫工作力度。截至2017年12月末，全县各项存款余额1 186 564万元，增长20.8%，各项贷款余额563 644万元，增长31.9%。支行先后被团中央授予“青年文明号”单位，被全国总工会授予“全国模范职工之家”“湖南省文明单位”等十多项项国家、省、市综合性荣誉。新田支行加大金融创新力度，重点开展了全国农村承包土地的经营权抵押贷款试点和贫困村金融扶贫服务站建设。首创新田农地承包经营权抵押贷款试点的“新田模式”，获得了中国人民银行总行和湖南省政府的充分肯定，被全国、省级、市级等多家权威媒介宽幅推介。新田支行金融扶贫服务站建设的经验做法，在金融扶贫湖南省电视电话会议和中国人民银行湖南省履职大会上作经验交流发言。

图8-19　新田县农村承包土地的经营权抵押贷款工作领导小组办公室设中国人民银行新田支行

2. 新田农村商业银行

2015年12月16日，在各级党委政府、监管部门的关心支持下，经中国银监会批准，原新田县农村信用合作联社顺利完成改制，新田农村商业银行正式挂牌开业，迎来了新田农村商业银行新篇章。新田农商人攻坚克难、锐意进取、抢抓机遇，拓市场增规模、控风险强管理，撑起了“新田金融扶贫再贷款、助推农地抵押贷款”试点的“半边天”。年度绩效考核位列湖南省农信系统第四名，被湖南省联社评为绩效考核先进单位。

新田农村商业银行下设1个营业部、15个支行、6个分理处共22个营业网点，县域金融服务覆盖率达100%。新田农村商业银行秉承 “用心服务，真情无限”的服务理念，立足于服务“三农”、服务县域经济、服务中小微企业的市场定位，在提供农户小额信用贷款、联保贷款、个人按揭、机械设备、存单仓单抵质押贷款等传统信贷产品的同时，通过调查分析县域客户需求，创新推出林权抵押贷款、土地承包经营权抵押贷款、农村居民房屋产权抵押贷款、便民卡贷款、烟农种植贷款、专业合作社社员贷款等信贷业务新产品，极大地满足了广大客户融资需求。积极承担社会责任，是新田县决战脱贫致富的主力军，累计发放精准扶贫贷款29 184万元，惠及贫困农户7 242户（图8-20）。

新田农村商业银行作为农村金融主力军，积极投身新田县域经济建设，贷款投向本地，税收留在新田，为新田第一纳税大户，是新田人民自己的贴心银行。

图8-20 新田县农村商业银行发放新田县“农地”经营权抵押贷款试点授信签约仪式现场

3. 中国农业银行新田县支行

中国农业银行股份有限公司新田县支行是当地大型商业银行中网点最多、布局最合理、服务面最广的金融机构。多年来，农行新田县支行以支持新田县域经济发展为己任，始终站在国民经济建设的最前沿，2016年年末各项存款余额达16亿元，各项贷款余额达8亿元，累计投放信贷资金近30亿元，大力支持新田县基础设施建设、农业产业化龙头企业、城乡居民生产生活等民生领域，为新田经济的加速提质作出了重要的贡献。

近年来，农行新田县支行积极响应新田县委、县政府的号召，从讲政治的高度，丰富和创新“三农”金融产品，精选扶贫项目，建设贫困村金融服务站，积极投放林权抵押贷款、烤烟贷款、新型农业主体贷款、富农贷和光伏贷，并作为全国试点单位开展农村土地承包经营权抵押贷款业务。近三年累计投放各类“三农”贷款8亿元。

农行新田县支行在追求经济效益的同时始终不忘企业的社会责任，积极参与全县扶贫攻坚各项工作，先后创建了市级文明标兵单位、省级文明卫生单位、湖南省金融“模范职工之家”、第四届湖南省农行文明单位，忠实履行了作为大型商业银行构建和谐社会和建设社会主义新农村的职责。

农行新田县支行将秉承“面向三农、服务城乡”的使命，以“诚信立业、稳健行远”的核心价值观和“客户至上、始终如一”的经营理念，始终把最优质的服务奉献于新田的广大民众（图8-21）。

图8-21　新田农行发放首笔农村土地经营权抵押贷款

4. 邮政储蓄银行新田县支行

中国邮政储蓄银行新田县支行，于2008年4月24日正式挂牌成立，下辖3个支行、10处邮政储蓄代理网点。新田县支行内设2个部门，即综合管理部和综合业务部。

作为根植于新田这片土地的金融部门，从挂牌成立之初，新田支行始终以支持新田经济发展为己任，积极策应和落实新田县委、县政府关于经济发展的系列重大战略部署，积极加大资金投入，努力提高服务质量，为新田经济发展贡献力量。

新田县是财政小县，经济基础薄弱，资源有限。想要发展，就要创新。新田县支行自开办信贷业务以来，强化规范管理，坚持产品创新，服务“三农”，有利推动地方经济的发展。近两年，新田县支行在新型农业经营主体的金融服务创新上一直不断突破，2016年年初，新田县获批成为全国土地经营权抵押贷款试点县，支行积极作为，迅速制订方案，结合新田县委、县政府及县人民银行下发的集中授信名单，主动联系县涉农主管部门。在2016年年底，面向新型农业经营主体，首创开办了土地承包经营权贷款、惠农易贷（扶贫信用小额贷款）、财银保等产品，为“三农”金融创新树立了典型，积累了宝贵的经验。农村承包土地经营权抵押贷款不仅是金融产品的一次创新，也拓宽了新型农业经营主体及农户融资的新渠道，为我县农业农村发展注入了新的活力。截至2018年7月31日，支行贷款结余4 280笔，贷款余额60 257万元，其中发放农地贷款实际录入统计系统的有7笔，金额538万元，结余5笔，金额500万元，后续我行将对新型农业经营主体的经营情况进一步关注，加大扶持力度（图8-22）。

图8-22　新田邮政储蓄银行发放首笔农村承包土地的经营权抵押贷款

5. 长沙银行新田支行

长沙银行是湖南首家区域性股份制商业银行和湖南最大的法人金融企业，长沙银行股份有限公司新田支行（以下简称长沙银行新田支行）于2017年10月17日正式入驻新田，目前各项业务稳健发展，未出现任何重大违规事件，未受到监管机构处罚，始终坚持“服务优先、顾客至上”的原则，入驻以来得到了新田人民的一致好评。

截至2018年7月，长沙银行新田支行各项存款3.84亿元，贷款4.62亿元，存贷比达120%，真正做到了立足当地、服务当地。长沙银行新田支行正式职工11人，平均年龄不到27岁，是一支朝气蓬勃、敢打敢拼的队伍，他们将以最饱满的热情、最优质的服务、最专业的水平为新田社会经济发展做出应有的贡献（图8-23、图8-24）。

图8-23　长沙银行新田支行办公大楼

图8-24　长沙银行新田支行办公场所

6. 中国工商银行股份有限公司新田支行

中国工商银行股份有限公司新田支行是永州市分行的一个一级支行，现有人员25人，其中行长1名、副行长2名。2016年支行实现利润1 365.64万元，同比增加137.41万元。各项存款余额为93 850.66万元，较年初增加13 269.69万元。贷款余额为23 314.08万元，较年初增加144.79万元；并实现了不良贷款为零的优质资产支行。新田支行在狠抓资产质量管理的同时，始终不忘支持地方经济的发展，大力发放包括农村承包土地的经营权抵押贷款在内的各项信贷业务。2017年2月10日，新田支行举行农村承包土地的经营权抵押贷款发放仪式，新田县武当山庄种养殖专业合作社80万元该品种贷款随即到位。新田县农村土地流转服务中心和中国人民银行新田支行负责人参加发放仪式，新田电视台、红网·新田作同步报道。据悉，此笔贷款是工商银行湖南分行首笔农村承包土地的经营权抵押贷款。这是工商银行秉承服务地方经济建设的社会责任，履行支持地方经济发展的神圣职责和重要举措，充分利用市场资源配置和经济杠杆作用，在精准扶贫和支持乡村振兴方面，发挥了重要推动作用。同时彰显了工行积极响应中央的战略部署，充分发挥国有大行的表率作用，推进精准扶贫，全面地融入扶贫攻坚的大格局和大机制，以及践行银行社会责任的举措和信心（图8-25）。

图8-25　中国工商银行股份有限公司新田支公司首发农村承包土地的经营权抵押贷款签约仪式

7. 中国建设银行新田支行

中国建设银行股份有限公司新田县支行，营业场所位于湖南省永州市新田县滨河西路58号。建行新田县支行在永州市分行、新田县委、县政府的正确领导下，坚持“构和谐、谋发展、保平安”的工作思路，连续多年实现“无重大违规、无重大安全事故、无案件”的目标，确保了一方平安，有效促进了全行各项业务健康持续发展。近年来，该行积极响应新田县委、县政府的号召，创新“三农”金融产品，精选扶贫项目，建设贫困村金融服务站，大力推广“金湘通”特色产品，将优质服务送到农村百姓身边。

建行新田支行作为全国试点单位开展农村承包土地的经营权抵押贷款业务，与新田县工业园签订“助保贷业务合作协议”，创新信贷产品扶持小微企业。2016年成功投放湖南省建行第一笔农村土地承包经营权抵押贷款，有力地支持了新田经济社会的发展。

近年来，建行新田支行先后荣获“建行湖南省分行先进基层党组织”“建行湖南省分行先进单位”“建行湖南省分行女职工文明示范岗”“永州市分行先进单位”；连续两年被评为新田县优化经济环境和机关效能建设工作“满意单位”；被评为新田县2016年度社会治安综合治理“优秀单位”，受到当地领导和群众的一致好评。

面对未来，建行新田支行将继续以客户为中心，强基固本，转型创新，做品质、树品牌，以全新的战略、优质的产品和服务，加快转型发展步伐，在融入中发展，在合作中壮大，以更加澎湃的激情在新田大地上抒写更加绚烂的华章（图8-26）。

图8-26 中国建设银行股份有限公司新田支行首单农村承包土地的经营权抵押贷款签约仪式

8. 中国光大银行永州新田支行

中国光大银行是中国光大集团的骨干企业，是一家国有控股的全国性股份制商业银行。1992年成立，2010年实现A股上市，2013年实现H股上市。在全国设有38家一级分行，分支机构1 200家，资产总额4万亿元。2017年在“世界1 000家大银行”排名中位列第44位。

1999年3月18日，中国光大银行整体接收原中国投资银行，设立长沙分行，负责湖南地区业务经营。目前，长沙分行下辖19个二级分支机构，包括9个二级分行（株洲、湘潭、衡阳、郴州、岳阳、邵阳、益阳、永州、娄底）、9个长沙区域支行、1个分行营业部。并设有韶山光大村镇银行。拥有机构网点近100家，其中综合性支行49家、社区银行44家，干部员工1 500人。近年来，光大银行以独特的经营模式和发展风格活跃在湖南经济社会的舞台上，在支持湖南供给侧结构性改革和支柱产业转型升级、支持政府基础设施和重大项目建设、支持实体经济发展和中小企业成长壮大，以及开展普惠金融、服务广大市民等方面作出了积极贡献，并逐步在财富管理、投资银行、金融创新、风险管控、特色党建、社会责任担当等方面形成了自身优势和品牌。

光大银行永州新田支行于2017年12月14日对外试营业，2018年3月26日正式开业。作为光大银行在永州新田县设立的分支机构，从筹建之日起，新田支行牢固树立了“探索新型金融扶贫，与地方经济共成长，同地方企业共繁荣，和当地居民共发展”的经营理念，并致力为新田县提供优质的金融服务和金融产品，支持新田县经济又快又好发展，树立光大银行品牌形象及社会责任感，打造一流国有控股商业银行（图8-27）。

图8-27　光大银行永州新田支行

9. 农业银行新田支行在骥村镇乌下村设立金融扶贫服务站

新田县乌下村金融扶贫服务站位于骥村镇，包括4个自然村，有432户，人口1 694人，其中建档立卡贫困户72户，贫困人口262人。乌下村主要产业为烤烟、水果、水稻、蔬菜、家禽种养业，村贫困人口年人均可支配收入不足2 500元。为有效解决贫困户小额信贷和基础金融服务需求，2016年7月，县农行作为主联系行，按照“八有标准”建设了金融扶贫服务站，新田县金融扶贫工作领导小组办公室聘任村支书为站长、农行信贷员为副站长，负责服务站的日常运转。金融扶贫服务站建成后，积极发挥扶贫帮扶功能。目前，新田县农行和农商银行通过金融扶贫服务站结对帮扶72户贫困户，对所有贫困户进行了评级授信，并已向其中12户发放了小额扶贫贷款，金额共计47万元，向新型农业经营主体骥琪家庭农场授信100万元，发放农村承包土地的经营权抵押贷款50万元。

目前，正在为其他未获得贷款的建档立卡贫困户和2家新型农业经营主体准备贷款资料。新田县农行和邮政储蓄银行也在该村分别建立了一个助农取款服务点（图8-28～图8-30）。

图8-28　新田县人民政府常务副县长王名扬在湖南省金融扶贫服务站建设电视电话会议上作交流发言

图8-29　中国人民银行长沙中支货币信贷处副处长赵遂彬一行现场督导乌下村金融扶贫服务站建设

图8-30　骥村镇乌下村金融扶贫、普惠金融和信用信息服务站外景

10. 新田农村商业银行在新圩镇梧村设立金融扶贫服务站

新田县梧村金融扶贫服务站位于新圩镇，包括3个自然村，有309户，人口1 208人，其中建档立卡贫困户78户，贫困人口306人。梧村主要产业为外出务工、烤烟、水果、水稻、蔬菜、家禽种养业，村贫困人口年人均可支配收入不足2 500元。为有效解决贫困户小额信贷和基础金融服务需求，2016年6月，新田县农村商业银行作为主联系行，按照“八有标准”建设了金融扶贫服务站，新田县金融扶贫工作领导小组办公室聘任村支书为站长、农商行客户经理为副站长，负责服务站的日常运转。金融扶贫服务站建成后，积极发挥扶贫帮扶功能。目前，新田县农村商业银行通过金融扶贫服务站结对帮扶78户贫困户，对所有贫困户进行了评级授信，并已向其中31户已发放了小额扶贫贷款，金额共计111万元。农商银行在该村建立了一个助农取款服务点（图8-31～图8-33）。

图8-31　新圩镇梧村金融扶贫服务站揭牌

图8-32　湖南省首批试点金融扶贫服务站建设检查验收联合工作组在查看梧村金融扶贫服务站牌匾

图8-33　新圩镇梧村金融扶贫服务站内活动中心

第四节　保险机构为新田试点县“两权”抵押贷款保驾护航

1. 中华财险新田县支公司

中华联合财产保险股份有限公司是由国家财政部下辖东方资产管理公司控股的国有商业保险公司，总部设在北京，注册资本金达146.4亿元人民币，居国内财险公司第四位，偿付能力充足率达到167%，达到偿付能力充足Ⅱ类公司标准。

中华财险湖南分公司是承担湖南省农业保险试点工作的两家经营公司之一，2007年开始承办农业保险工作。承保的险种有水稻、玉米、公益林、商品林、母猪、育肥猪、母牛、鸡鸭鹅、烤烟等，全面落实党和国家的支农惠农政策，惠及农村千家万户，提高农户种植、养殖等农业生产抗风险能力。

中华联合财产保险股份有限公司新田县支公司自2008年开始就一直承保新

田县的水稻保险，公司不断完善基层服务体系，承保到户，理赔到户，提高服务运营能力。每亩水稻保额为360元，保费为18元，保险责任涵盖暴雨、洪水、干旱、病虫等灾害造成的水稻减产。新田县2017年水稻承保总面积为233 523亩，投保农户为40 099户，承保覆盖面为82%；当年发生灾害，获得赔偿的农户1 773户，受灾面积16 363亩，赔付资金3 043 157元，赔付率为72%。

中华财险始终坚持顾客至上、服务至上、诚实守信、回报社会之理念，切实将国家的惠农政策落实到千家万户。将好事做实，实事做好，让政府放心，让老百姓满意（图8-34、图8-35）。

图8-34　农业保险是国家支持农业发展，惠及农户的好政策

图8-35　中华财险新田支公司工作人员到水稻受灾现场查看灾情

2. 中国人寿保险股份有限公司新田支公司

中国人寿保险公司属于国有大型金融保险企业，总部设在北京，公司前身是成立于1949年的原中国人民保险公司，1999年更名为中国人寿保险公司。2003年，经国务院、中国保险监督管理委员会批准，原中国人寿保险公司进行

重组改制，变更为中国人寿保险（集团）公司，业务范围全面涵盖寿险、财产险、养老保险、资产管理、另类投资、海外业务、电子商务等多个领域，并通过资本运作参股了多家银行、证券公司等其他金融和非金融机构。美国《财富》杂志发布2018年世界500强企业榜单中，中国人寿以近872.5亿美元的年营业收入位列第42位，连续15年入选《财富》“世界500强”，中国保险企业排名第一。

中国人寿保险股份有限公司新田支公司坐落于新田县城滨河东路37号，下设总经理室、综合部、客户服务部、个人保险部、银行保险部、团体业务部，公司员工19人，保险个人代理人918人，公司网络遍布全县各个乡镇，乡镇服务部4个，代理网点窗口36个，公司统一实行电脑制作保单，常年开通95519热线电话，全天候服务，负责接收各类人身意外、伤亡的报案、查勘、核赔，赔款及时到位，为人民群众的生产、生活提供了有力的保障。目前公司开办的主要险种有187种，有健康保险系列、人身意外保险系列、养老保险系列等。近年来，在新田县委、县政府的关心、支持下，业务发展突飞猛进。公司大力扶持新田县农业新型经营主体发展，为新田县农村承包土地经营权抵押贷款试点工作保驾护航，助推新田精准扶贫。2017年总保费9 158万元，业务指标达成率居永州市第一，成功进入湖南省前30强县支公司行列，在永州市入选的三家公司中，排名第一。2013年来成功经办了大病补偿业务，为新田县35万名参加城乡居民保险的群众经办大病二次补偿服务。公司明确2018年“以客户为中心”的服务理念，为方便老百姓一站式办理业务，与各家医院签订了一站式协议，组建了专业的发展服务团队，在新田县内各行政村悬挂了服务牌且安排了专业服务组人员驻村，将优质服务面向群众，不让群众多跑路。相知多年，值得托付，中国人寿恪守“以客户为中心、以基层为重心、以价值为核心”的经营理念，积极承担行业和社会责任，努力成为“行业领先、客户青睐、最具价值”的公司，努力打造国际顶级金融保险集团（图8-36、图8-37）。

图8-36　中国人寿保险公司在新田县新圩镇成立服务部，零距离服务群众

图8-37　2018年6月，枧头镇上户村农户向中国人寿保险股份有限公司新田支公司赠送“诚信服务　理赔及时”锦旗

第五节　新田县农村承包土地经营流转权典型案例

1. 新田县东升农场

新田县东升农场位于新田县莲花乡东升村（现更名为新田县东升富硒农业开发有限公司），成立于2014年1月，注册资金3 010万元，固定资产总额6 551.37万元，由国家级龙头企业广东东升农场与省级示范性企业新田县秀峰无公害蔬菜开发有限公司合作成立，是一家集蔬菜种植、加工及运销为一体的民营企业，现有员工287人，其中管理人员12人，技术人员36人，普通员工239人。公司目前已投入各类资金1.2亿元，建成大型冷冻冷藏库6 000多立方米，新型农民培训楼1 800平方米，新建大棚300余亩，购置各种农机及运输车具24台。公司严格按标准化生产技术规程操作，其产品通过了“三品”认证，全部销往“粤港澳”以及出口到东南亚一带，所创立的东升、馨秀峰两个蔬菜品牌在香港及广东市场占有率已接近10%。2015年公司生产销售蔬菜20多万吨，销售收入达8 596万元。

近年来，中国人民银行新田支行积极发挥“1+N”金融扶贫机制功能，通过扶贫再贷款货币政策整合财政、扶贫、农田、水利等配套政策（图8-38、图8-39）。新田县扶贫部门在新田农商银行设立了2 800万元的扶贫小额信贷风险担保基金，新田县财政投入2 500万元把公司总部所在地东升村建成了“美丽乡村”示范村（图8-40），新田县农田水利部门投入资金修建灌溉沟渠6 800多米，安装铺设喷滴灌设施1 500余亩。通过“1+N”机制，撬动新田县农商银行创新“《农村土地经营权流转证》+组合担保”等信贷产品，对东升农场授信3 000万元（图8-41），累计发放贷款23笔，3 200多万元，并把东升农场作为扶贫再贷款示范点，执行优惠信贷政策（图8-42～图8-47）。

图8-38　人民银行扶贫再贷款示范点

图8-39　中国人民银行长沙中支副行长侯加林一行到东升农场实地调研

图8-40　乡村振兴示范村——龙泉镇东升村

图8-41　农商行和东升农场作为新田县农村承包土地的经营权首单授信抵押贷款投放仪式

图8-42　新田县委书记唐军（左二）陪同上级领导到东升农场调研

图8-43　新田县农村承包土地的经营权首单授信抵押贷款投放仪式参会人员参观东升农场

图8-44　中国人民银行永州市中支行长袁曙光一行现场观看东升农场冷库

图8-45　中国人民银行长沙中支货币信贷处副处长彭育贤一行现场调研东升农场

图8-46 湖南省“两权”抵押贷款试点工作督导组一行实地调研东升农场

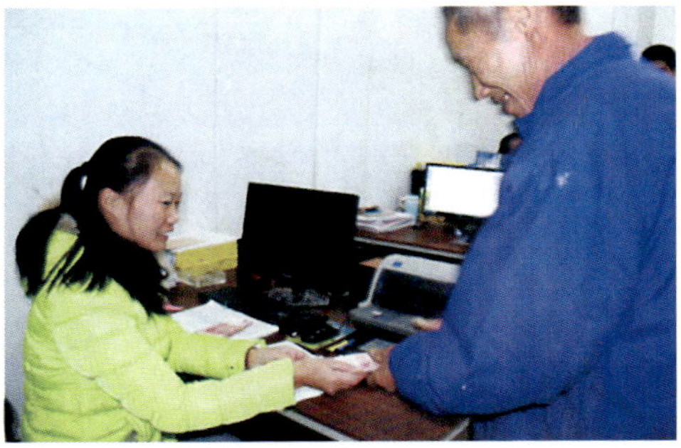

图8-47 东升农场发工资和分红

图8-48 东升农场老年公寓茶话会

通过信贷扶持，该公司开拓“土地流转+贫困户基地用工”“公司+基地+收购点+农户”“直接帮扶”“委托帮扶”四种帮扶模式，带动全县4 000余户贫困农户以发展蔬菜种植为主导产业的就业创业，为贫困户人均增加收入10 000元。目前公司通过扶贫帮扶，已成功帮助150户贫困户脱贫。公司还积极参与农村养老事业，出资建设了东升村老年公寓，现居住有五保老人7户（图8-48）。

2. 湖南远鸿现代农业科技有限公司

湖南远鸿现代农业科技有限公司是新田县委、县政府对接精准扶贫，发展农业产业招商引资项目，也是永州市委、市政府“六大战役”和园区升级重点建设项目。产业园总面积130亩，总投资约1亿元，主要建设食用菌标准化生产线和恒温智能大棚。项目建成后，可年产各类菌包6 000万筒以上，食用菌产业园可直接安排农村劳动力700人以上，贫困村培植发展食用菌种基地5 000亩以上，贫困村就业达6 000人，直接帮助8 000贫困人口脱贫致富，项目将辐射周边市区县，成为华南最大的食用菌产业园，年产值可达4亿元以上（图8-49～图8-54）。

图8-49 湖南省远鸿食用菌产业园鸟瞰图

图8-50　2018年新田县创建省级农业园区重点产业扶贫项目——湖南远鸿食用菌产业园，攻坚脱贫

图8-51　湖南远鸿食用菌标准化大棚种植基地

图8-52　上级领导参观湖南远鸿食用菌产业园

图8-53　新田县长秦山成、副县长肖方英等县级领导陪同上级调研人员

图8-54　工作人员在生产基地采收食用菌

3. 湖南百优特现代农业科技有限公司

湖南百优特现代农业科技有限公司，成立于2014年7月10日，注册资金1 000万元，法定代表人胡国平。公司主要依托新田县“中国原生态富硒农产品之乡”的资源优势，打造“大农业、大旅游、大健康”产业生态体系（图

8-55）。投资发展特色农业和高附加值农产品的种植、加工、销售于一体的综合企业。以“一产促二产带三产”的发展模式促进三产融合发展，改变传统农业产业结构和经济增长模式，振兴乡村经济建设，带领广大农民脱贫致富奔小康。

八月瓜，俗名“八月炸”，学名“三叶木通”，原为一种药食同源的多年生野生藤本植物，其果实含有人体必需而又不能自身合成的缬氨酸、赖氨酸、蛋氨酸等重要成分，极具食、药开发价值，被誉为“保健果王”，韩国和日本称之为“中华圣果”（图8-56）。八月瓜当年种植，第二年初果，盛果期长达25年以上。平均每亩可产鲜果3 000斤*，每亩产值达1.5万元以上。

2017年，百优特公司在湖南永州市各县已投资2 500多万元，已流转土地3 520亩，建设八月瓜种植基地12个（图8-57），种植面积2 150亩，建设高端特色水果种植基地200亩，高标准育苗基地300亩。百优特公司与湖北、江西、河南、福建、广西、贵州、山东、陕西等八个省市合作伙伴合作种植八月瓜20 000余亩。

2018—2020年，百优特公司计划投资5.08亿元，全面完成八月瓜的种植、育苗、加工、销售全产业链建设。其中，计划种植业总投资2.35亿元，加工业总投资2.73亿元。该产业发展后，将带来良好的社会效益和经济效益。

图8-55　“大农业、大旅游、大健康”产业生态体系宣传栏

图8-56　八月瓜

图8-57　位于新田县新圩镇伍家村的八月瓜种植基地

* 斤为非法定计量单位，1斤＝0.5千克。

第六节　湖南省、市级领导调研督导新田试点县“两权”抵押贷款工作

湖南省、市级领导多次到新田县调研督导“两权”抵押贷款试点工作（图8-58～图8-62）。

图8-58　新田县委书记唐军、县长秦山成实地考察“农地”试点和土地流转

图8-59　湖南省、市“两权”抵押贷款试点督导组来新田督导座谈会

图8-60　湖南省“两权”抵押贷款试点办公室主任、人民银行长沙中支副行长侯加林莅临新田督导“农地”试点工作

图8-61　湖南省、市“两权”抵押贷款试点督导组来新田督导座谈会

图8-62　湖南省娄底市双峰县政府农村承包土地的经营权抵押贷款试点工作领导率团到新田考察座谈会

第七节 众人拾柴火焰高 大力推进试点工作

1. 墙内花开墙外香，快人一步即样板

2015年，根据（国发〔2015〕45号）《国务院关于开展农村土地承包地经营权和农民住房财产权抵押贷款试点的指导意见》《全国人民代表大会常务委员会关于授权国务院在北京市大兴区等232个试点县（市、区）、天津市蓟县等59个试点县（市、区）行政区域分别暂时调整实施有关法律法规的决定》的文件，新田县被国务院授权为“全国农村承包土地的经营权抵押贷款工作试点县”。新田县作为一个仅有45万人口的小县，能得到党中央如此高度的信任，这足以彰显出“南有新田，奋勇争先”精神的巨大能量。

新田县被列为全国农村土地承包经营权抵押贷款工作试点县以后，新田县的知名度不胫而走。试点的新闻和成果，曾引起了中央级、省部级媒体的广泛关注或抢先报道。2016年10月28日，中国网以《做活土地文章 壮大农业产业——湖南新田县农村承包土地的经营权抵押贷款试点成效凸显》为题，以“头条号”抢选报道了新田县的试点成果。2017年2月，湖南省“两权”抵押贷款试点现场推进会在新田举办省委常委、常务副省长陈向群莅临新田县考察后，高度评价新田改革发展成果，称赞：“三类县”干出了一流的成绩！“金融时报——中国金融新闻网”以《探寻“农地”抵押贷款的“新田模式”》为题，报道了试点实况。

新田县农村承包土地的经营权抵押贷款工作在业界名气越来越大，2016—2017年，先后热情接待了16起外省市来新考察农村“两权”抵押贷款试点工作的团队，及时有效地将试点工作的阶段性成果推广，实现了促进农村“两权”抵押贷款试点工作正能量资源共享，遍地开花。

图8-63 世界杂交水稻之父、中国工程院院士、世界华人健康饮食协会荣誉主席袁隆平与邓中辉同志合影

2017年10月，新田县农村经营服务站站长邓中辉同志（图8-63）接受了湘潭市常委副市长陈蓓的盛情邀请，作了题为《放活经营权、破解融资难》的专题讲座。全市农口负责人、银行负责人及新型农业经营主体代表150多人参加。该讲座提纲挈领、通俗易懂，赢得了与会人员的阵阵掌声，收到了良好的效果。

2. 中南林业科技大学经济学院来新田县调研农村承包土地经营权抵押贷款试点工作

中南林业科技大学经济学院参加“共青团中央—全国农科学子聚力乡村振兴暑期实践专项活动”。2018年，陈学军副院长率研究生课题组成员，多次来到新田县就农村承包土地的经营权抵押贷款试点工作情况，对新田新型农业经营主体新田县秀峰无公害蔬菜种植基地——东升农场、百优特“八月瓜”特色农业种植基地、陶岭三味辣椒特色种植产业园等，进行了深入调研，收集了大量的第一手材料，并向新田县农村承包土地的经营权抵押贷款试点工作领导小组提出宝贵的建议，为新田县农村承包土地经营权抵押贷款试点工作的快速推进，增加了“正能量”（图8-64、图8-65）。

图8-64　中国人民银行新田支行领导，向中南林业科技大学经济学院课题组成员介绍“金融扶贫再贷款”的思路及成效

图8-65　中南林业科技大学经济学院陈学军副院长率研究生课题组成员，莅临新田县新型农业经营主体东升农场实地调研

3. 土流网与新田试点县合作实现综合服务无缝对接

（1）土流网　湖南土流信息有限公司是一家大型的综合农村资源流转服务机构。旗下的土流网（www.tuliu.com）于2009年上线，是中国第一个打破时间、地域限制的农村资源流转信息服务平台，采用线上平台、线下服务公司、土流经纪人“三方联动式”服务模式，将农村土地流转与互联网深度融合，从土地信息初步选取到信息核实、实地勘察、价值评估、线上展示、融资担保、合同签署、法律咨询、招商投资、项目开发，提供与产权资源相关的全方位配套服务，再到发展农村综合产权服务产业链及拓展各地服务网点，形成了一个全国性的农村产权资源服务平台和服务实体网络。在促进土地经营权有序流转和适度规范经营、增加农民收入、保障国家粮食安全等方面起到了重要作用。

经过9年的跨越式发展，土流网已在规模、功能、服务等方面位居全国互联网土地流转综合服务平台前列。以信息、技术、服务连接“土地、人、机构”，线上线下相结合，为农民、城镇居民、农工商企业、投资者、政府、经纪人提供土地流转、经纪服务、土地托管、产权交易、招商代理、园区建设运营、农业总部经济、不动产登记预办理、资产、抵押融资、土流农服、土流金服、共享住宅、法律咨询、资产评估、项目策划、行业培训、创客空间等全方位的产品及配套服务。

土流网创新了三种经营形式：一是以内部孵化的美丽新乡村团队针对全国空心村以及闲置房屋进行规划设计、装修改造、租赁运营，有效盘活闲置农房；二是开发住宅在线网站、共享住宅APP、装配式住房建造，实现各类房屋资源及配套的供需对接；三是通过自己开发的共享住宅APP及第三方OTA在线旅行平台的合作，帮助农村改造过的闲置房屋实现在线预订、短租、扫码入住的分时共享度假。

乡村振兴战略为推动“农业强、农村美、农民富”的实施提供了一个全面的机会，同时给予了致力于为“三农”提供全面优质服务的土流网一个创新服务体系的对接机会。

土流网的服务一直围绕党的十九大报告中关于乡村振兴提出的“产业兴旺、生态宜居、乡风文明、治理有效、生活富裕”五个方面20个字总要求，进行全面业务对接。

（2）土流网农村产权交易及农村金融服务管理平台简介　农村产权及金融管理系统是给农交所工作人员使用的管理系统，提供Web和APP平台版本。通过给辖区内各级行政区域的工作人员分配角色及账号，登录系统，实现交易线上逐级提交审批、管理、分析等一体化办公目标。

（3）土流网农村产权交易及农村金融服务管理平台主要功能模块（图8-66）。

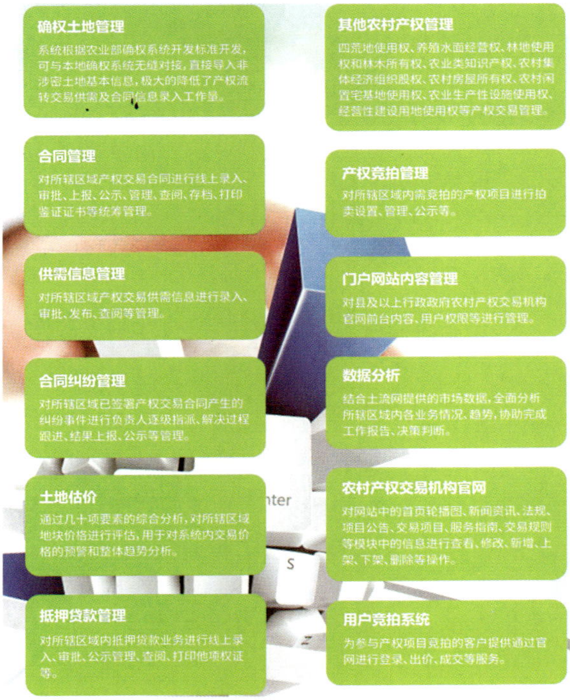

图8-66　土流网农村产权交易及农村金融服务管理平台主要功能模块

4. 新田县农村土地流转服务中心与土流网达成战略合作伙伴（图8-67）

图8-67　2018年8月，新田县农村土地流转服务中心主任与土流网永州区域签订意向战略合作协议

第九章　新田县委、县政府聚焦“三农”硕果累累

第一节　新田县委、县政府荣获多项荣誉称号

详见图9-1～图9-6。

图9-1　2011年12月，新田县被湖南省补硒工程项目办公室授予“原生态富硒食品基地县”荣誉称号

图9-2　2013年12月，新田县被授予为“湖南省海外高层次专家休假养生基地”

图9-3　2014年8月，新田县获得“中国天然富硒农产品之乡”荣誉称号

图9-4　2016年12月，新田县获得“平安县市区”荣誉称号

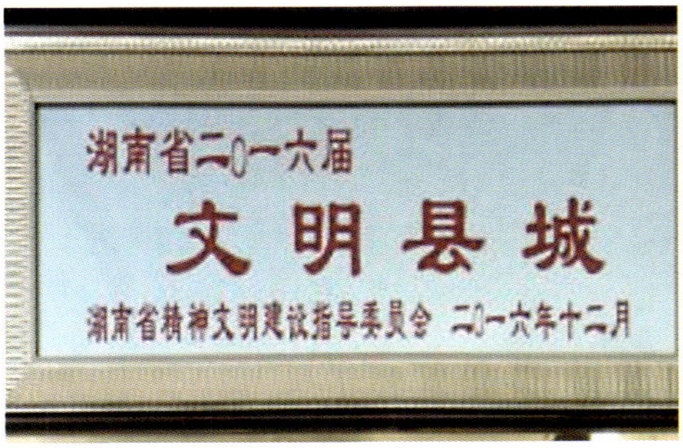

图9-5　2016年12月，新田县获得湖南省二〇一六届“文明县城”荣誉称号

图9-6　2017年，新田县获得“国家卫生县城”荣誉称号

第二节　新田县获国家地理标志品牌产品

新田县天然富硒农产品荣获湖南省“稀有养生农产品”称号（图9-7）。

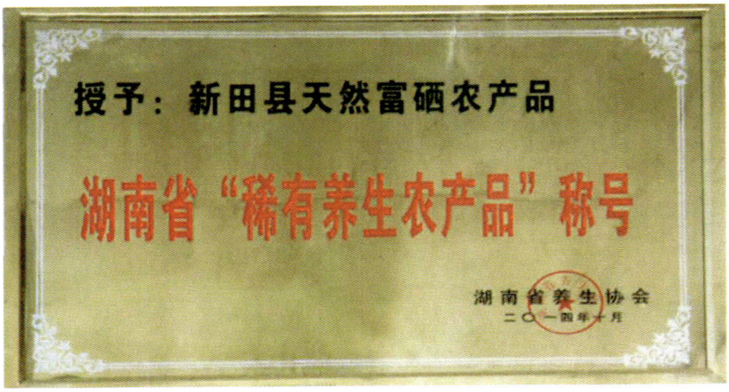

图9-7　2014年10月，新田县天然富硒农产品被湖南省养生协会评为湖南省“稀有养生农产品”称号

1. 新田大豆荣获国家地理标志品牌产品

新田大豆荣获多项殊荣（图9-8 ～图9-13）。

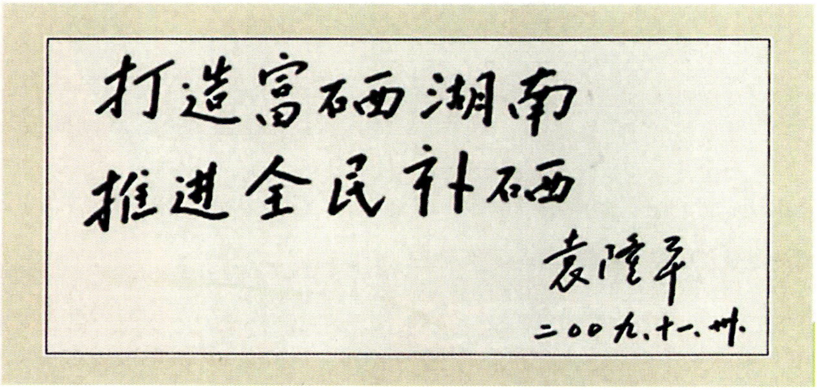

图9-8　2009年11月30日，袁隆平院士为湖南省富硒生物产业协会题写了“打造富硒湖南　推进全民补硒”

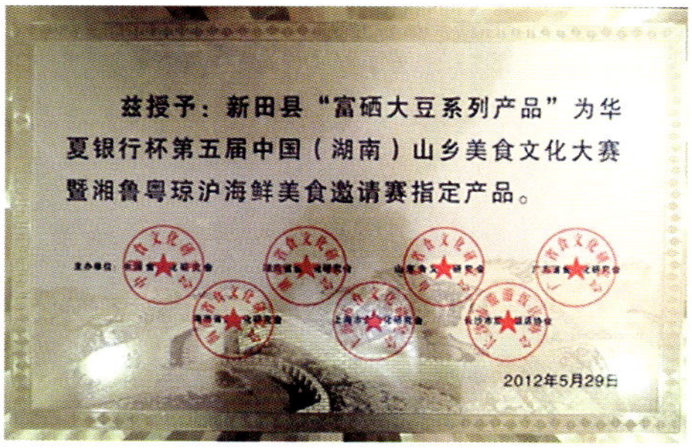

图9-9　2012年5月25日，新田县石羊醋水豆腐生产专业合作社参赛作品：“石羊茶油醋水豆腐”“豆腐西施”“硒康茶油醋水豆腐”和风味小吃——“我心中的太阳”等推选为华夏银行杯第五届中国（湖南）山乡美食文化大赛暨湘鲁粤琼沪海鲜美食邀请赛指定产品

图9-10　2011年9月19日，新田大豆被第十四届国际人与动物微量元素大会授予“唯一指定富硒大豆”

图9-11　2016年12月22日，新田大豆成功跻身国家地理标志产品之际，《湖南日报》给予大篇幅报道

图9-12　国家质量监督检验检疫总局授予新田大豆为国家地理标志保护产品

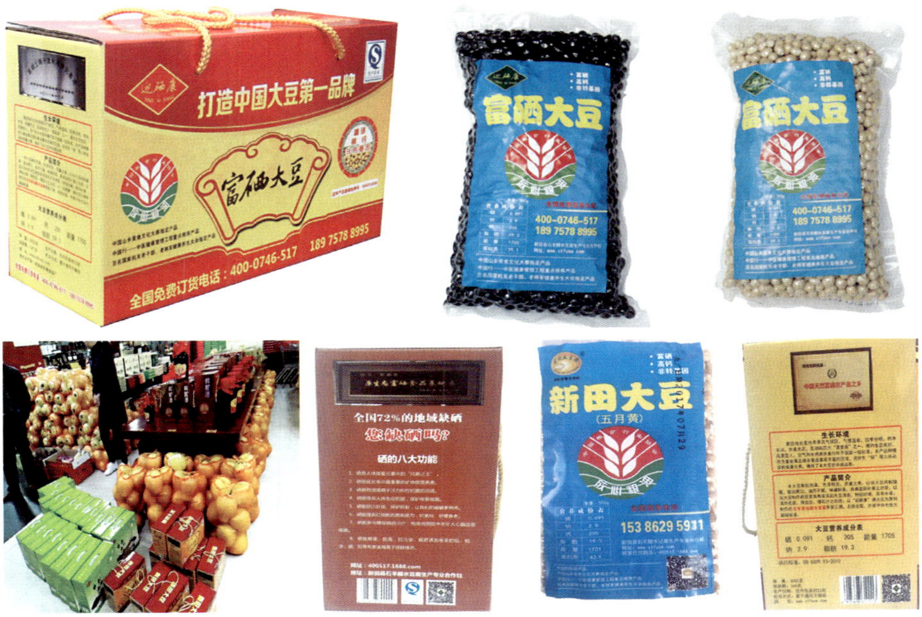

图9-13　新田大豆产品和产品包装

2. 新田大豆三大涉农企业

(1) 新田皇许粮食品有限公司

①简介　新田皇许粮食品有限公司成立于2016年1月18日，注册资金1 000万元，以国家地理标志产品——富硒、高钙、非转基因的新田大豆为主要原料，生产富硒高钙纯天然系列固体饮料。现在厂房面积4 000余平方米，是永州市农

业产业化龙头企业。

2016年，公司申请专利9项，其中发明专利1项，实用新型专利8项，均已审查通过并颁证。同时，公司申请“皇许粮”马德里商标1件已受理；并对“皇许粮”品牌做了LOGO版权。为了响应国家“一带一路”的号召，皇许粮公司准备在适当的时候把产品销往国外。目前，皇许粮公司确立“产品的质量是通向市场的基石，是赢得客户信赖的关键”的经营理念，因此十分注重提升产品质量。已与中国光大集团、农村淘宝、中国邮政等公司达成战略合作伙伴；产品已投放北京、上海、广州等地；并以三井镇高峰村——平乐脚村为核心，建立“湖南特色粮油产业强县”的千亩富硒大豆示范基地；采用“公司+合作社+农户+基地+订单”的经营模式，带动2万余农户种植黄豆、绿豆、黑米、硒米、花生各1万亩，带动6 000余贫困对象增收脱贫。皇许粮公司还经营豆类产品，加工皇许粮学生营养早餐等系列富硒高钙产品（图9-14 ～图9-18）。

图9-14　湖南省农科院作物研究所马淑梅（左二）结对帮扶新田皇许粮食品有限公司，在三井镇长峰村—平乐脚村大豆种植示范基地进行技术指导

图9-15　新田皇许粮食品有限公司以三井镇长峰村—平乐脚村为核心创建湖南省特色粮油产业强县示范基地

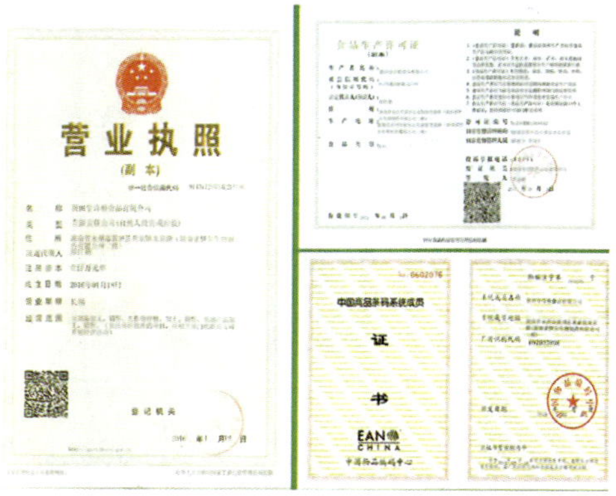

图9-16　新田皇许粮食品营业执照，生产许可证和商品条形码

图9-17　留美医学博士到30万净级的皇许粮富硒高钙生产车间考察指导

图9-18　新田皇许粮系列富硒高钙固体饮料和新田六宝产品

②新田皇许粮食品有限公司获得的殊荣。

2016年7月，中国科学家经济学家年会组委会授予新田皇许粮食品有限公司生产的“皇许粮”食品“2016年创新中国科学家经济学家年会指定产品”（图9-19）。

荣誉证书

授予：新田皇许粮食品有限公司生产的“皇许粮”食品

2016创新中国科学家经济学家年会指定产品

中国科学家经济学家年会组委会

二零一六年七月

图9-19　荣获“2016年创新中国科学家经济学家年会指定产品”

2016年12月，新田皇许粮食品有限公司被永州市人民政府评为市级农业产业化龙头企业。

新田皇许粮食品有限公司生产的富硒高钙固体饮料被硒博会评为中国特色硒产品。

③新田皇许粮食品包装外观（图9-20）。

图9-20　皇许粮食品包装外观

（2）新田县石羊醋水豆腐专业合作社

①简介　新田县石羊醋水豆腐生产专业合作社创办于2011年，2017年入驻新田县工业园，新址位于新田县龙泉镇工业园双碧街与陶然街交叉口东侧，占地面积10 049.55平方米，目前建筑占地面积3 566平方米，建筑总面积10 296平方米。

公司坚持“今天的质量，明天的市场”的产品理念，打造优质品牌，外树形象，内强素质，企业资质不断完善，产品质量不断提升，产品备受青睐，一直畅销，销往北京、上海、广东、湖南等地，合作社由原来单一的石羊醋水豆腐制作型企业发展为集种植、加工、生产、销售、物流等环节于一体的豆制品综合型企业，已跻身永州市农业产业化龙头企业、湖南省十大富硒龙头企业行列，持有的“薪田五月黄”商标为湖南省著名商标，产品质优，获湖南省百强服务品牌、全国绿色产业示范基地等20多项荣誉称号，其中，国字号荣誉11项，省字号荣誉3项，市级荣誉6项，县级荣誉1项。“新田大豆”被评为2017年湖南省十大农业区域公用品牌，该公司全程参与，提供资料，参加答辩，贡献突出。生产的迎硒康醋水豆腐被录入2015年度《国家机关老干部健康产品采购目录》，其制作工艺列入市级非物质文化遗产。

乘着发展的良好势头，公司加强新址建设，兴建厂房、加工房、仓库、办公楼、综合楼（含员工宿舍、展示厅、活动室等）以及相关配套设施。计划总投资5 000万元，其中前期投资2 000万元，2017年9月开工，现已建成厂房一栋、加工房一栋。2018年10月一期工程竣工投产后，将招收员工100余人，年产精装新田大豆10万斤、富硒豆腐20万斤、富硒豆腐皮30万斤，预计年创利润500万元。项目全部投产后，将以中国地标产品——“新田大豆”、湖南省著名商标产品——“薪田五月黄”为原料，开发十余种新型豆制产品，力图打造全国特色品牌企业，让优质特色产品走向全国，走向世界。

②新田县石羊醋水豆腐生产专业合作社获得殊荣（图9-21 ～图9-29）。

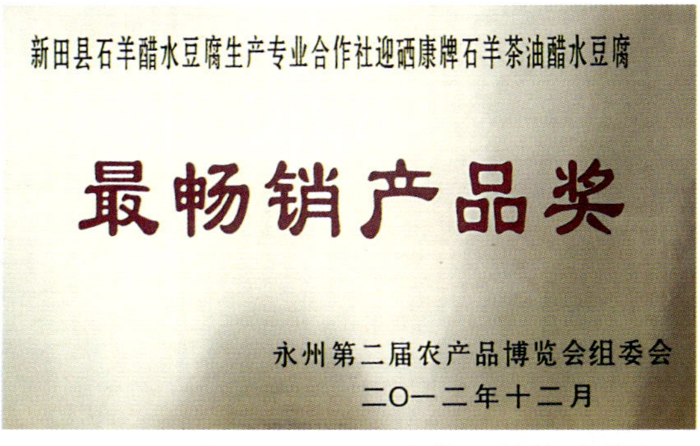

图9-21　2012年12月，迎硒康牌石羊茶油醋水豆腐获永州市第二届农产品博览会最畅销产品奖

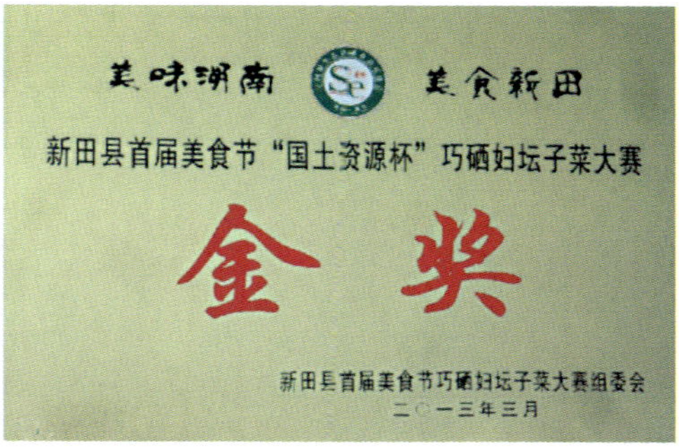

图9-22 2013年3月，在新田县首届美食节“国土资源杯”巧硒妇坛子菜大菜中，石羊醋水豆腐经大众评委和专业评委评选，获得金奖

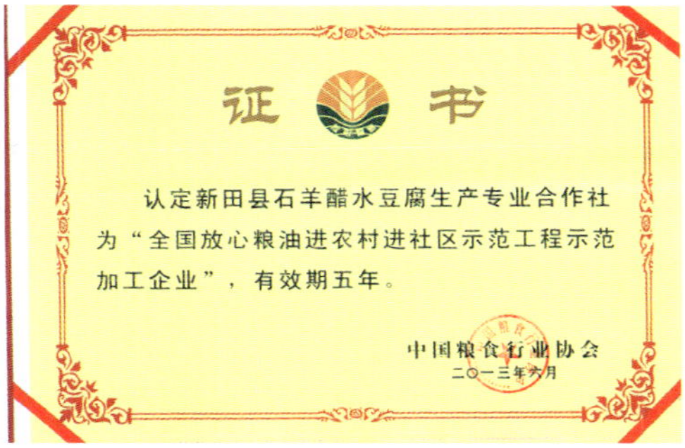

图9-23 2013年6月，新田县石羊醋水豆腐专业合作社被“中国粮食行业协会”认定为“全国放心粮油进农村进社区示范工程示范加工企业”

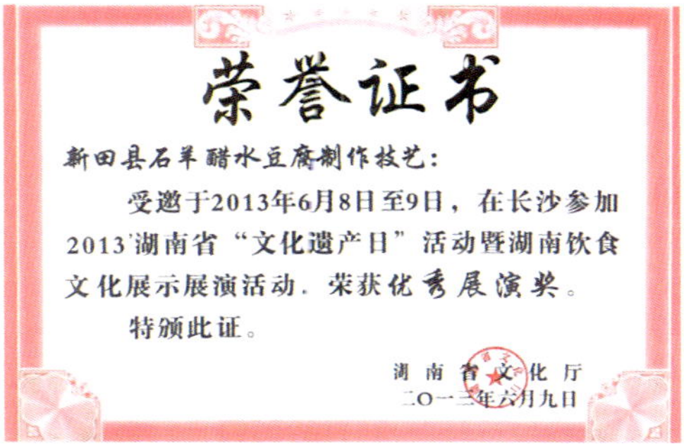

图9-24 2013年6月，新田县石羊醋水豆腐制作技艺被湖南省文化厅评为优秀展演奖

图9-25 2013年10月，“迎硒康”牌富硒醋水豆腐被中国食文化研究会、中国老年学学会营养与食品专业委员会评为2013首届老年节久久敬老会百名国家机关老干部老将军健康养生大会指定产品

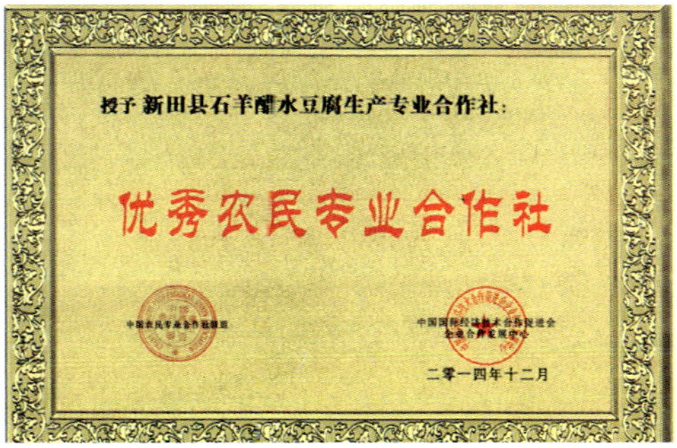

图9-26 2014年12月，新田县石羊醋水豆腐生产专业合作社被授予“优秀农民专业合作社”

图9-27　2016年1月，新田县石羊醋水豆腐生产专业合作社被“中国企业绿色产业峰会组委会”授予“全国农业科技创新示范单位”荣誉称号

图9-28　2017年8月，新田县石羊醋水豆腐生产专业合作社被评为2017创新中国最具合作价值品牌企业

图9-29　新田县委、县政府高度重视品牌建设，对新田县石羊醋水豆腐专业合作社持有的“新田五月黄”商标获湖南省著名商标给予20万元奖励

（3）新田县豆家旺食品有限公司

新田县豆家旺食品有限公司，创立于2013年7月，注册资金600万元，该公司位于新田县龙泉镇龙泉大道168号，是生产加工大豆类系列产品的企业。现为永州市农业产业化龙头企业。公司以新田盛产的富硒大豆为原料，辅以富硒山泉水，传承豆制品古法加工工艺，采用现代工艺技术和设备，研发生产了豆腐花、醇豆浆、醋水豆腐、大豆蛋白饮料、黑豆枸杞补肾膏、绿豆百合安神助眠饮料等系列产品，深受省内外广大消费者喜爱与青睐。公司先后被授予“永州市农业产业化龙头企业”“硒锶产业开发工作先进单位”“永州市农业产业龙头企业”；2017年12月，新田豆家旺食品有限公司粮油产业园获得了湖南省“现代农业特色产业省级示范园”。公司主要产品有豆家旺豆腐花、醇豆浆，醋水豆腐、山水豆腐等（图9-30），产品畅销广东、湖南，远销浙江、上海等地。成功

打入中石化易捷超市、家边购等大型连锁商超。公司创立以来，基本建成了集大豆种植、大豆深加工、产品运输和产品销售为产业链的豆制品加工公司。与无锡江南大学签订合作协议，研发新产品，并购置3条进口生产线，豆制品加工能力翻番，豆制品日加工量80吨。

图9-30　新田县豆家旺食品有限公司生产的豆腐花产品

3. 陶岭三味辣椒获国家地理标志品牌产品

（1）陶岭三味辣椒简介

①陶岭三味辣椒是湖南省新田县陶岭乡特产。2014年12月15日，国家质检总局正式发布《质检总局关于批准对饶阳葡萄等产品实施地理标志产品保护的公告》（2014年第129号），“陶岭三味辣椒”作为全国第十一个产品名列其中，荣获“中国国家地理标志品牌产品”，并自即日起被实施保护。

②陶岭三味辣椒因烹饪后具有“甜、辣、香”独特风味而得名。据史料记载，该特产在新田陶岭一带已有300余年的种植历史。

③陶岭三味辣椒生长环境独特，仅在陶岭乡东山岭村周边10余个村约3 000亩土地上栽种才有独特的“三味”，如果移栽别处，则“甜、辣、香”三味就没有了。

④陶岭三味辣椒生育期短，产量高，好苗每株可结果200 ~ 300个，每亩可产干辣椒600斤左右；耐旱能力强，可抗旱60 ~ 70天，叶萎秆不死，一旦下雨又可转青、开花、结果。

（2）陶岭三味辣椒富含丰厚的文化底蕴

据传，在永州新田一带曾流传有关于“陶岭三味辣与七祖活佛郑秀峰”的神奇传说故事。七祖活佛郑秀峰于明正德四年（1509年）诞于新田陶岭乡东山岭村一郑氏人家，他自幼聪慧过人，传为金禅子转世。郑秀峰16岁时在秀峰山拜尘远为师，法号“秀峰”，后郑秀峰云游至阳明山，被明性法师收留为徒。嘉靖十六年秀峰禅师在阳明山一山洞里坐化，时年29岁。坐化后，其肉身不腐。后供于阳明山万寿寺内，被当朝皇帝封为“七祖秀峰禅师”。传说秀峰禅师坐化前对家乡陶岭念念不忘，便将一锦囊留给弟子。大约过了一百多年，陶岭乡突然发生旱灾，并在16个村引发瘟疫。为了消灾祛邪，家乡百姓便到阳明山祈求七祖活佛保佑。方丈郑重地将锦囊交给前来的陶岭籍祭人，嘱咐其将锦囊带回家后方能打开。祭拜人回到家中打开锦囊，只见囊中全是金黄的辣椒籽，别无他物。祭拜人将种子分发给瘟疫横行的16个村的村民种植。说来奇怪，辣椒种下后第二天就发芽、长大，分枝开花结果，果子肉厚鲜红、透明见籽，“甜、辣、香”三味俱佳，患病的人吃后，瘟疫立即痊愈。从此，这段神奇的故事就代代相传。

根据《新田县志》记载，新田陶岭三味辣椒，因风味独特，明清时期曾被定为“贡品”，俗话说，“陶岭辣椒三味绝，一尝顿觉口生津。”三味辣椒风味独特，远近闻名，远销新加坡、斯里兰卡和印度尼西亚等国。斯里兰卡总统到中国访问时，也点名要吃湖南新田的陶岭三味辣椒。

时至今日，在中国八大菜系中，湘菜和川菜以辣著称。川辣以花椒为中心，讲求麻辣，湘辣以辣椒为中心，讲求香辣。湖南人嗜辣成性，无辣不欢，故民间素有“湖南人辣不怕，四川人怕不辣”之称。一代伟人毛泽东曾经说过：“大凡革命者都爱吃辣椒。我的故乡湖南出辣椒，爱吃辣椒的人也多，所以‘出产’的革命者也就多。”位列“黄埔三杰”之首的新田人蒋先云则是革命者中的佼佼者。近代著名歌唱家宋祖英演绎的一曲《辣妹子》则让湖南的“辣”精神唱响了五湖四海，驰名中外。

（3）湖南省绿锶缘农业发展有限公司

湖南省绿锶缘农业发展有限公司创建于2013年6月。2017年公司申报“陶岭三味辣椒种植特色产业园”市级产业园和市级农业产业化龙头企业成功，总产值首创7 080万元。

2018年，公司围绕着“陶岭三味辣椒种植特色产业园”的规模及核心建设，以陶岭镇周家村为核心，打造千亩标准化绿色富硒三味辣椒种植基地。在仁岗、刘何、李家、富上、牛塘等村推广订单农业并与124户签订了种植营销订单，面积1 700亩；在三井枧头等镇创建市级特色粮油黑籽、小籽花生与大豆轮作种植及育种基地1 200亩，主要种植和生产富硒农产品富硒三味辣椒、富硒黑籽及小籽花生、富硒大豆、特色玉米等。实现一、二、三产业完整结合。公司经营范围的95%主要对接贫困户。其中与曹家窝村贫困户成立的合作社，长期合作种植黑籽花生、特色玉米等，产品主要销往广东、云南、北京、杭州等地，与当地星级大酒店、集团公司签约长期供货。公司采用“公司+合作社+基地+农户（贫困农户）”“公司与村集体合作”“自产+自销+外销”的产业化营销模式。积极参加上海沪洽周“湘品入沪”活动，深受上海市民和相关企业的特别关注与喜爱。将三味辣椒系列产品申请注册商标，并努力将“西思恬”花生系列、“黑媚”“谈文溪”产品打造成为国内外知名商标。

（4）湖南富林富硒食品有限公司

湖南富林富硒食品有限公司前身系新田县陶鼎红富硒三味辣椒合作社，该社成立于2008年，为适应市场需求，合作社不断扩大经营范围和生产规模，于2013年注册变更为湖南富林富硒食品有限公司。

公司配备独立的生产加工车间，引进多种先进设备和生产技术，常年聘请当地有关技术顾问，招聘农民工150余人种植富硒辣椒。现有生产厂房1 200平方米，生产加工人员150人。所生产的陶岭三味辣椒系列产品（图9-31），采用了湖南省永州市新田县陶岭乡原汁原味的三味辣椒，陶岭三味辣椒每千克辣椒含富硒26微克，可以预防十多种癌症病变。经过精选后依照传统方法手工精制而成，保持了原辣椒的“香、甜、辣”，且富含抗癌元素硒、氨基酸、胡萝卜素和钙、磷、铁等营养成分，具有开胃、健脾、养颜等功效。本品不含任何防腐剂，而是添加了乡特制压榨茶油来保证产品的存放期，因而口感脆香、食用方便安全。

图9-31　湖南富林富硒食品有限公司生产的陶岭三味辣椒系列产品

第三节　新田县承包土地经营权抵押贷款试点工作获2017年度永州市改革创新奖

中共永州市委全面深化改革领导小组办公室

永改办发〔2018〕4号

关于永州市2017年度改革创新奖评选结果的通报

各县区（管理区、经开区）委全面深化改革会员导小组、市直各单位：

为深入贯彻党的十九大精神，进一步提高全市改革创新的能力和水平，根据市委深改组安排，市委改革办组织开展了永州市2017年度改革创新奖评选活动。活动自启动以来，社会各届高度关注，踊跃申报、至截至时间，评选领导小组办公室共收到各类改革创新奖申报案例115个，按照《2017年永州市全面深化改革创新奖评选工作方案》（永改办发〔2017〕10号）和《评选规则》的安排，经过初评、复评、现场评审、领导审定四个环节，评选出永州市2017年度“十大优秀改革案例”10个、优胜改革案例20个（名单附后）。

希望获奖单位珍惜荣誉、再接再厉，为加快推进全面深化改革创造更多经验，希望各级各部门认真学习好的经验做法，不断推进改革创新，进一步增强改革动力，释放改革红利，为建设“创新开放新高地、品质活力新永州”作出积极贡献。

附件：永州市2017年度改革创新奖名单

中共永州市委全面深化改革领导小组办公室

2018年7月27日

附件

永州市2017年度改革创新奖名单

一、“十大优秀改革案例”（10个）

1.城乡一网　共建共享——永州市推进以网格为基本单元的社会治理机制改革（市委政法委）

2.打造“一平台五中心”　全面提升警务实战效能（市公安局）

3.园区升级模式创新（江华县）

4.“互联网＋”社会扶贫创新（江永县）

5.加强乡镇纪委“五化”建设　推动全面从严治党向基层延伸（市纪委）

6.“五道五治”推动农村公路换新颜（冷水滩区）

7.农村党员和青年农民产业技术扶贫培训机制改革创新（市委组织部）

8.“一次性盖章汇”提速审批效率（东安县）

9.创新推行“工作村为主”机制（祁阳县）

10.弘扬红色文化　传承红色基因——零陵区大力推进红色文化进校园（零陵区）

二、优胜改革案例（20个）

1.农村生活垃圾分类和资源化利用机制创新（宁远县）

2.推动媒体融合　打造“中央厨房”（市委宣传部）

3.创新主动型服务机制　实现服务群众零距离（市公安局）

4.我们是如何点“土”成金的——新田县深入实施农村承包土地的经营权抵押贷款改革试点（新田县）

5.蓝山毛俊村自治、法治、德治融合的乡村治理模式探究（蓝山县）

6. 坚持共建共享　全面实行“双河长制”（市水利局）

7. “三分三合”改革探索乡村振兴新棋式（双牌县）

8. 办好土地“身份证”　改出农村新天地——道县创新推进农村土地承包经营权确权登记颁证（道县）

9. 以改革创新推动资金统筹（市财政局）

10. 开创后发地区人才“引育用留”新路径（市委组织部）

11. 搭建农村投融资平台　创新“三农”投融资机制（市农委）

12. 理顺园区管理体制　助推经济发展（市编办）

13. 推动集团化办学　促进城乡义务教育一体化（市教育局）

14. “一城一交、公车公营”模式破解城市交通难题（市交通运输局）

15. 打造“网格化管理　多元化服务”升级版　提升群众幸福感和获得感（零陵区）

16. 脱贫路上抗风险　保险护航惠民生——永州市创新推广“扶贫特惠保”项目（市扶贫办）

17. 推进文化市场综合抗法改革　提升综合执法效能（市文体广新局）

18. 项目审批“瘦身提速”——永州市大力推进工程建设项目行政审批制度改革（市住建局）

19. 强力推进资金统筹使用　打赢精准扶贫攻坚战（江永县）

20. 打造数字城管新模式　推进城市管理改革创新（市城管执法局）

市委全画深化改革领导小组办公室　　　2018年7月27日印发

附录

新田县2013—2018年农村土地流转试点工作大事记

2013年　新田县秀峰蔬菜种植专业合作社成立，该社是新田县第一家集蔬菜种植、运输、销售于一体的农民专业合作社。

2013年　新田县为帮助农村贫困户快速脱贫，秀峰蔬菜种植专业合作社与县扶贫办在莲花乡新屋场村开展了“蔬菜产业金融扶贫模式”探索。这种模式主要抓好“一个链接，两个帮扶”。一个链接，即合作社与农户土地的链接。工作中着重抓好土地的流转工作，让合作社与农户在土地的流转中直接对接，形成一个利益共同体。两个帮扶，即对扶贫对象户优先就业和入股融资的帮扶。一方面是通过优先安排贫困户就业保障其工资性收入。另一方面是协调入股资金，帮助贫困户资金入股合作社，取得分红收入。

在扶贫对象户流转土地后，县扶贫办与县邮政储蓄银行衔接，按银行存放贷要求，协调帮助扶贫对象户到县邮政储蓄银行贷款，确保以户为单位向每个扶贫人口贷款5 000元，及时交到合作社作股金。利息缴纳由县扶贫办通过小额贷款贴息资金解决。借贷资金在合作社内运营，合作社到县邮政储蓄银行开设专户，接受银行监督，由合作社归还本金。具体本息归还时限、程序均按银行规定执行。

通过落实“一个链接”与“两个帮扶”，新屋场村贫困劳动力年均收入达到了1.5万元。一是土地租金收入，600元/亩，由合作社支付租金，扶贫对象户人均至少有0.5亩土地，可取得人均收入300元；二是工资性收入，长期员工月工资底薪为1 200元，临时工每天报酬为50元；三是股金分红，公司按扶贫对象户入股资金量的20%每年支付给扶贫对象户股金分红，按人均入股5 000元计，可人均取得股金分红1 000元。目前，合作社正计划在其他基地村推广这种扶贫模式，以求走共同发展之路。

2013年　新田县秀峰蔬菜种植专业合作社建立“合作社+基地+农户”的合作方式。目前，该合作社已建立2 000亩种植规模基地3个、千亩以下基地3个，签约农户2 400余户。其中主要以莲花乡新屋场、岗上村基地为中心，面积近3 000亩，有员工360人，加工厂房1 150平方米、员工宿舍600平方米、低温保鲜储藏库两栋，喷灌、机耕道等基础设施得到了完善。由于发展成效显著，得到了湖南省及永州市相关部门的充分肯定，被评为了市级龙头企业、省级优秀专业合作社。

2014年　新田县被湖南省确定为全省“农村土地确权颁证和农村承包土地经营权抵押贷款试点县”。

2014年　新田县全面落实“农村土地确权登记颁证”工作，坚持“确实权、颁铁证”的高标准要求，让农民吃下“定心丸”，放心大胆地流转土地。

2014年 新田县人民银行组织相关职能部门大胆构想，反复论证，深入探索分析，创造性地设计了“农村土地经营权流转证”，有效地破解了利用土地经营权进行融资抵押的问题，使新型农业经营主体(涉农企业、农民专业合作社、家庭农场、专业大户)的贷款难问题迎刃而解。从而为下一年度获准全国人大常委会授权。即新田县被国务院确定为“全国农村承包土地经营权抵押贷款试点县”这一殊荣，奠定了坚实的基础。

2014年 新田人民政府授权农村土地确权颁证管理部门，向持有《农村土地流转合同》的新型农业经营主体颁发《农村土地经营权流转证》。

2014年9月28日 新田县农村经营管理局首次向境内富硒蔬菜基地——东升农场颁发了5 000余亩的《农村土地经营权流转证》，为这一新型农业经营主体办理抵押贷款提供了合法的权押证明。

2014年9月30日 新田县农村商业银行向境内东升农场5 000亩流转土地(期限30年)，直接授信3 000万元，并发放首单抵押贷款200万元。在湖南省范围内实现了农村土地承包经营权抵押贷款“零”的突破。

2015年12月 经全国人大常委会授权，新田县被国务院确定为“全国农村承包土地经营权抵押贷款试点县”，成为了湖南省八个“全国试点县”之一。

2016年2月底 在新田这样一个只有45万人口的小县城，各类农民专业合作社已发展到了269家，还有近百家的家庭农场也在高速运转。

2016年4月22日 新田县首次举行集中授信仪式，以辖内涉农金融机构为主体，向15家新型农业经营主体集中授信6 350万元。截至同月底，累计发放贷款2 000多万元，使新型农业经营主体的抵押贷款“瓶颈”得到有效破解。

新田县再次集中启动授信贷款仪式，向辖内20家新型农业经营主体开设绿色信贷通道，集中向20家新型农业经营主体，以《农村土地经营权流转证》为抵押，集中授信贷款额度3 350万元。这是自2015年12月27日全国人大授权之后，首次实现全国人大授权以来的定点突破；同时，也是国家五部委“两权”《抵押贷款试点办法》出台后，永州市发放的首批农村土地承包经营权抵押贷款。为湖南省承包土地的经营权抵押贷款试点工作，积累了宝贵的经验。

2016年年底 据统计，新田县流转土地17万多亩，超过全县耕地总面积的50%。发放《农村土地经营权流转证》99本，涉及农户1.1万户，耕地3.2万亩。向13家新型农业经营主体授信6 350万元，发放农地抵押贷款55笔、5 500余万元。

2016年 新田县农村土地资源要素全面激活。农村土地流转经营的趋势迅猛。据统计，截至目前，全县已共流转土地17万多亩，超过全县耕地面积的50%。累计交易10 980笔，涉及耕地3.5万亩，有效激活了农村土地资源，“贷”动了现代农业发展。

2016年 新田县农村土地经营权融资通道已全面打开。截至目前，全县通过农村土地经营权累计办理抵押贷款8 593万元，余额5 081万元，支持了

160户新型农业经营主体。实现了金融全覆盖，很多经营主体正在积极与金融部门对接。

新田县为探索“两权”抵押贷款的创新之路，虽然历尽了艰辛，但也破解了系列难题，寻找到了适合县情的“新田模式”，也为全省乃至全国农村承包土地的经营权抵押贷款工作积累了宝贵的经验。试点工作得到了省“两权”抵押贷款试点办公室的赞誉。湖南省委副书记乌兰及湖南省委常委、常务副省长陈向群等来新田视察后，对试点工作给予高度肯定。

2016年　新田县农业总产值达31.1亿元，农业增加值达18.3亿元，比2015年增长3.2%。农民人均可支配收入达7 880元，比上年增长13%。“农地”抵押贷款的成功试点为该县农业供给侧结构性改革提供了新动力。

2016年　经过土地经营权的流转，普通的农民百姓得到了租赁收入，并获得了进入新型农业经营主体所办企业就业的机会，农户收入大幅提升。

新田县东升富硒现代农业开发有限公司所在的东升农场，通过流转周边4个村的6 000余亩土地，建立了以富硒果蔬为主的生产基地，为600多名村民提供了就业机会，人均月工资在2 500元以上，使1 550户贫困户实现了脱贫。据不完全统计，新田经过土地流转之后，目前惠及的农户有2.1万户，涉及农业人口80 000多人，其中贫困人口25 000多人，占比30%以上。

2016年　新田县新型农业经营主体如雨后春笋般成立起来，县域经济活力四射。新田县农民合作社360个，新增85个。发展家庭农场147家，新增40家。市级龙头企业28家，新增5家。省级农业产业化龙头企业3家，新增1家。以富硒为特色的粮食、蔬菜、大豆、水果、油茶、药材等七大农产品核心生产基地突破10万亩。陶岭三味辣椒、新田大豆被列为国家地理标志保护产品，“南有新田”云耳等4种食品被列为国家有机食品，“薪田五月黄”等4个商标荣获“湖南省著名商标”，6家本地企业获得省内外知名富硒农产品品牌称号。电子商务进村惠民，新田县与阿里巴巴、京东等知名电商企业合作，农村淘宝覆盖75个村，绿硒电商等本土电商企业发展壮大，为农产品销售提供了高效平台。

2017年2月　全省“两权”抵押贷款试点现场推进会在新田举行，与会领导对以“农村土地经营权流转证”为抵押贷款的“新田模式”给予高度评价。

2017年6月16日　新田县农村承包土地的经营权抵押贷款第二期集中授信仪式在县政府6楼会议室举行。新田县农业银行、农商银行、工商银行、邮政储蓄银行、建设银行、农业发展银行为舜康生态农业科技有限公司等39家新型农业经营主体授信32 110万元，涉及流转耕地33 049亩，农户12 261户，其中贫困农户8 000户。这标志着该县农村承包土地的经营权抵押贷款试点工作又一次迈出新步伐。

2018年1月　新田县委、县政府高度重视品牌建设，对新田县石羊醋水豆腐专业合作社持有的“薪田五月黄”商标获湖南省著名商标给予奖励20万元。

2018年7月27日　新田县深入实施农村承包土地的经营权抵押贷款改革试点，被评为永州市2017年度改革创新奖优胜改革案例。

2018年8月28日　新田县土地流转服务中心与土流网达成战略合作意向协议。

附图1　2017年2月14日，湖南省“两权”抵押贷款试点现场推进会在新田召开，陈向群常务副省长出席会议并作重要讲话

第四部分

相关法律、法规及政策

第十章　法律法规政策文件（选编）

第一节　法 律 类

1.《土地管理法》

《全国人民代表大会常务委员会关于修改〈中华人民共和国土地管理法〉的决定》已由中华人民共和国第十届全国人民代表大会常务委员会第十一次会议于2004年8月28日通过，现予公布，自公布之日起施行。

第一章　总　　则

第一条　为了加强土地管理，维护土地的社会主义公有制，保护、开发土地资源，合理利用土地，切实保护耕地，促进社会经济的可持续发展，根据宪法，制定本法。

第二条　中华人民共和国实行土地的社会主义公有制，即全民所有制和劳动群众集体所有制。

全民所有，即国家所有土地的所有权由国务院代表国家行使。

任何单位和个人不得侵占、买卖或者以其他形式非法转让土地。土地使用权可以依法转让。

国家为了公共利益的需要，可以依法对土地实行征收或者征用并给予补偿。

国家依法实行国有土地有偿使用制度。但是，国家在法律规定的范围内划拨国有土地使用权的除外。

第三条　十分珍惜、合理利用土地和切实保护耕地是我国的基本国策。各级人民政府应当采取措施，全面规划，严格管理，保护、开发土地资源，制止非法占用土地的行为。

第四条　国家实行土地用途管制制度。

国家编制土地利用总体规划，规定土地用途，将土地分为农用地、建设用地和未利用地。严格限制农用地转为建设用地，控制建设用地总量，对耕地实行特殊保护。

前款所称农用地是指直接用于农业生产的土地，包括耕地、林地、草地、农田水利用地、养殖水面等。建设用地是指建造建筑物、构筑物的土地，包括城乡住宅和公共设施用地、工矿用地、交通水利设施用地、旅游用地、军事设施用地等。未利用地是指农用地和建设用地以外的土地。

使用土地的单位和个人必须严格按照土地利用总体规划确定的用途使用土地。

第五条　国务院土地行政主管部门统一负责全国土地的管理和监督工作。

县级以上地方人民政府土地行政主管部门的设置及其职责，由省、自治区、直辖市人民政府根据国务院有关规定确定。

第六条　任何单位和个人都有遵守土地管理法律、法规的义务，并有权对违反土地管理法律、法规的行为提出检举和控告。

第七条　在保护和开发土地资源、合理利用土地以及进行有关的科学研究等方面成绩显著的单位和个人，由人民政府给予奖励。

第二章　土地的所有权和使用权

第八条　城市市区的土地属于国家所有。

农村和城市郊区的土地，除由法律规定属于国家所有的以外，属于农民集体所有。宅基地和自留地、自留山，属于农民集体所有。

第九条　国有土地和农民集体所有的土地，可以依法确定给单位或者个人使用。使用土地的单位和个人，有保护、管理和合理利用土地的义务。

第十条　农民集体所有的土地依法属于村农民集体所有的，由村集体经济组织或者村民委员会经营、管理。已经分别属于村内两个以上农村集体经济组织的农民集体所有的，由村内各该农村集体经济组织或者村民小组经营、管理。已经属于乡（镇）农民集体所有的，由乡（镇）农村集体经济组织经营、管理。

第十一条　农民集体所有的土地，由县级人民政府登记造册，核发证书，确认所有权。

农民集体所有的土地依法用于非农业建设的，由县级人民政府登记造册，核发证书，确认建设用地使用权。

单位和个人依法使用的国有土地，由县级以上人民政府登记造册，核发证书，确认使用权。其中，中央国家机关使用的国有土地的具体登记发证机关，由国务院确定。

确认林地、草原的所有权或者使用权，确认水面、滩涂的养殖使用权，分别依照《中华人民共和国森林法》《中华人民共和国草原法》《中华人民共和国渔业法》的有关规定办理。

第十二条　依法改变土地权属和用途的，应当办理土地变更登记手续。

第十三条　依法登记的土地的所有权和使用权受法律保护，任何单位和个人不得侵犯。

第十四条　农民集体所有的土地由本集体经济组织的成员承包经营，从事种植业、林业、畜牧业、渔业生产。土地承包经营期限为三十年。发包方和承包方应当订立承包合同，约定双方的权利和义务。承包经营土地的农民有保护和按照承包合同约定的用途合理利用土地的义务。农民的土地承包经营权受法律保护。

在土地承包经营期限内，对个别承包经营者之间承包的土地进行适当调整的，必须经村民会议三分之二以上成员或者三分之二以上村民代表的同意，并报乡（镇）人民政府和县级人民政府农业行政主管部门批准。

第十五条　国有土地可以由单位或者个人承包经营，从事种植业、林业、畜牧业、渔业生产。农民集体所有的土地，可以由本集体经济组织以外的单位或者个人承包经营，从事种植业、林业、畜牧业、渔业生产。发包方和承包方应当订立承包合同，约定双方的权利和义务。土地承包经营的期限由承包合同约定。承包经营土地的单位和个人，有保护和按照承包合同约定的用途合理利用土地的义务。

农民集体所有的土地由本集体经济组织以外的单位或者个人承包经营的，必须经村民会议三分之二以上成员或者三分之二以上村民代表的同意，并报乡（镇）人民政府批准。

第十六条　土地所有权和使用权争议，由当事人协商解决。协商不成的，由人民政府处理。

单位之间的争议，由县级以上人民政府处理。个人之间、个人与单位之间的争议，由乡级人民政府或者县级以上人民政府处理。

当事人对有关人民政府的处理决定不服的，可以自接到处理决定通知之日起三十日内，向人民法院起诉。

在土地所有权和使用权争议解决前，任何一方不得改变土地利用现状。

第三章　土地利用总体规划

第十七条　各级人民政府应当依据国民经济和社会发展规划、国土整治和资源环境保护的要求、土地供给能力以及各项建设对土地的需求，组织编制土地利用总体规划。

土地利用总体规划的规划期限由国务院规定。

第十八条　下级土地利用总体规划应当依据上一级土地利用总体规划编制。

地方各级人民政府编制的土地利用总体规划中的建设用地总量不得超过上一级土地利用总体规划确定的控制指标，耕地保有量不得低于上一级土地利用总体规划确定的控制指标。

省、自治区、直辖市人民政府编制的土地利用总体规划，应当确保本行政区域内耕地总量不减少。

第十九条　土地利用总体规划按照下列原则编制：

（一）严格保护基本农田，控制非农业建设占用农用地；
（二）提高土地利用率；
（三）统筹安排各类、各区域用地；
（四）保护和改善生态环境，保障土地的可持续利用；
（五）占用耕地与开发复垦耕地相平衡。

第二十条　县级土地利用总体规划应当划分土地利用区，明确土地用途。

乡（镇）土地利用总体规划应当划分土地利用区，根据土地使用条件，确定每一块土地的用途，并予以公告。

第二十一条　土地利用总体规划实行分级审批。

省、自治区、直辖市的土地利用总体规划，报国务院批准。

省、自治区人民政府所在地的市、人口在一百万以上的城市以及国务院指定的城市的土地利用总体规划，经省、自治区人民政府审查同意后，报国务院批准。

本条第二款、第三款规定以外的土地利用总体规划，逐级上报省、自治区、直辖市人民政府批准。其中，乡（镇）土地利用总体规划可以由省级人民政府授权的设区的市、自治州人民政府批准。

土地利用总体规划一经批准，必须严格执行。

第二十二条　城市建设用地规模应当符合国家规定的标准，充分利用现有建设用地，不占或者尽量少占农用地。

城市总体规划、村庄和集镇规划，应当与土地利用总体规划相衔接，城市总体规划、村庄和集镇规划中建设用地规模不得超过土地利用总体规划确定的城市和村庄、集镇建设用地规模。

在城市规划区内、村庄和集镇规划区内，城市和村庄、集镇建设用地应当符合城市规划、村庄和集镇规划。

第二十三条　江河、湖泊综合治理和开发利用规划，应当与土地利用总体规划相衔接。在江河、湖泊、水库的管理和保护范围以及蓄洪滞洪区内，土地利用应当符合江河、湖泊综合治理和开发利用规划，符合河道、湖泊行洪、蓄洪和输水的要求。

第二十四条　各级人民政府应当加强土地利用计划管理，实行建设用地总量控制。

土地利用年度计划，根据国民经济和社会发展计划、国家产业政策、土地利用总体规划以及建设用地和土地利用的实际状况编制。土地利用年度计划的编制审批程序与土地利用总体规划的编制审批程序相同，一经审批下达，必须严格执行。

第二十五条　省、自治区、直辖市人民政府应当将土地利用年度计划的执行情况列为国民经济和社会发展计划执行情况的内容，向同级人民代表大会报告。

第二十六条　经批准的土地利用总体规划的修改，须经原批准机关批准。未经批准，不得改变土地利用总体规划确定的土地用途。

经国务院批准的大型能源、交通、水利等基础设施建设用地，需要改变土地利用总体规划的，根据国务院的批准文件修改土地利用总体规划。

经省、自治区、直辖市人民政府批准的能源、交通、水利等基础设施建设用地，需要改变土地利用总体规划的，属于省级人民政府土地利用总体规划批准权限内的，根据省级人民政府的批准文件修改土地利用总体规划。

第二十七条　国家建立土地调查制度。

县级以上人民政府土地行政主管部门会同同级有关部门进行土地调查。土地所有者或者使用者应当配合调查，并提供有关资料。

第二十八条　县级以上人民政府土地行政主管部门会同同级有关部门根据土地调查成果、规划土地用途和国家制定的统一标准，评定土地等级。

第二十九条　国家建立土地统计制度。

县级以上人民政府土地行政主管部门和同级统计部门共同制定统计调查方案，依法进行土地统计，定期发布土地统计资料。土地所有者或者使用者应当提供有关资料，不得虚报、瞒报、拒报、迟报。

土地行政主管部门和统计部门共同发布的土地面积统计资料是各级人民政府编制土地利用总体规划的依据。

第三十条　国家建立全国土地管理信息系统，对土地利用状况进行动态监测。

第四章　耕地保护

第三十一条　国家保护耕地，严格控制耕地转为非耕地。

国家实行占用耕地补偿制度。非农业建设经批准占用耕地的，按照“占多少，垦多少”的原则，由占用耕地的单位负责开垦与所占用耕地的数量和质量相当的耕地；没有条件开垦或者开垦的耕地不符合要求的，应当按照省、自治区、直辖市的规定缴纳耕地开垦费，专款用于开垦新的耕地。

省、自治区、直辖市人民政府应当制定开垦耕地计划，监督占用耕地的单位按照计划开垦耕地或者按照计划组织开垦耕地，并进行验收。

第三十二条　县级以上地方人民政府可以要求占用耕地的单位将所占用耕地耕作层的土壤用于新开垦耕地、劣质地或者其他耕地的土壤改良。

第三十三条　省、自治区、直辖市人民政府应当严格执行土地利用总体规划和土地利用年度计划，采取措施，确保本行政区域内耕地总量不减少。耕地总量减少的，由国务院责令在规定期限内组织开垦与所减少耕地的数量与质量相当的耕地，并由国务院土地行政主管部门会同农业行政主管部门验收。个别省、直辖市确因土地后备资源匮乏，新增建设用地后，新开垦耕地的数量不足以补偿所占用耕地的数量的，必须报经国务院批准减免本行政区域内开垦耕地的数量，进行易地开垦。

第三十四条　国家实行基本农田保护制度。下列耕地应当根据土地利用总体规划划入基本农田保护区，严格管理：

（一）经国务院有关主管部门或者县级以上地方人民政府批准确定的粮、棉、油生产基地内的耕地；

（二）有良好的水利与水土保持设施的耕地，正在实施改造计划以及可以改造的中、低产田；

（三）蔬菜生产基地；

（四）农业科研、教学试验田；

（五）国务院规定应当划入基本农田保护区的其他耕地。

各省、自治区、直辖市划定的基本农田应当占本行政区域内耕地的百分之八十以上。

基本农田保护区以乡（镇）为单位进行划区定界，由县级人民政府土地行政主管部门会同同级农业行政主管部门组织实施。

第三十五条　各级人民政府应当采取措施，维护排灌工程设施，改良土壤，提高地力，防止土地荒漠化、盐渍化、水土流失和污染土地。

第三十六条　非农业建设必须节约使用土地，可以利用荒地的，不得占用耕地。可以利用劣地的，不得占用好地。

禁止占用耕地建窑、建坟或者擅自在耕地上建房、挖砂、采石、采矿、取土等。

禁止占用基本农田发展林果业和挖塘养鱼。

第三十七条　禁止任何单位和个人闲置、荒芜耕地。已经办理审批手续的非农业建设占用耕地，一年内不用而又可以耕种并收获的，应当由原耕种该幅耕地的集体或者个人恢复耕种，也可以由用地单位组织耕种。一年以上未动工建设的，应当按照省、自治区、直辖市的规定缴纳闲置费。连续二年未使用的，经原批准机关批准，由县级以上人民政府无偿收回用地单位的土地使用权。该幅土地原为农民集体所有的，应当交由原农村集体经济组织恢复耕种。

在城市规划区范围内，以出让方式取得土地使用权进行房地产开发的闲置土地，依照《中华人民共和国城市房地产管理法》的有关规定办理。

承包经营耕地的单位或者个人连续二年弃耕抛荒的，原发包单位应当终止承包合同，收回发包的耕地。

第三十八条　国家鼓励单位和个人按照土地利用总体规划，在保护和改善生态环境、防止水土流失和土地荒漠化的前提下，开发未利用的土地。适宜开发为农用地的，应当优先开发成农用地。

国家依法保护开发者的合法权益。

第三十九条　开垦未利用的土地，必须经过科学论证和评估，在土地利用总体规划划定的可开垦的区域内，经依法批准后进行。禁止毁坏森林、草原开垦耕地，禁止围湖造田和侵占江河滩地。

根据土地利用总体规划，对破坏生态环境开垦、围垦的土地，有计划有步骤地退耕还林、还牧、还湖。

第四十条　开发未确定使用权的国有荒山、荒地、荒滩从事种植业、林业、畜牧业、渔业生产的，经县级以上人民政府依法批准，可以确定给开发单位或者个人长期使用。

第四十一条　国家鼓励土地整理。县、乡（镇）人民政府应当组织农村集体经济组织，按照土地利用总体规划，对田、水、路、林、村综合整治，提高耕地质量，增加有效耕地面积，改善农业生产条件和生态环境。

地方各级人民政府应当采取措施，改造中、低产田，整治闲散地和废弃地。

第四十二条　因挖损、塌陷、压占等造成土地破坏，用地单位和个人应当按照国家有关规定负责复垦。没有条件复垦或者复垦不符合要求的，应当缴纳土地复垦费，专项用于土地复垦。复垦的土地应当优先用于农业。

第五章　建设用地

第四十三条　任何单位和个人进行建设，需要使用土地的，必须依法申请使用国有土地。但是，兴办乡镇企业和村民建设住宅经依法批准使用本集体经济组织农民集体所有的土地的，或者乡（镇）村公共设施和公益事业建设经依法批准使用农民集体所有的土地的除外。

前款所称依法申请使用的国有土地包括国家所有的土地和国家征收的原属于农民集体所有的土地。

第四十四条　建设占用土地，涉及农用地转为建设用地的，应当办理农用地转用审批手续。

省、自治区、直辖市人民政府批准的道路、管线工程和大型基础设施建设项目、国务院批准的建设项目占用土地，涉及农用地转为建设用地的，由国务院批准。

在土地利用总体规划确定的城市和村庄、集镇建设用地规模范围内，为实施该规划而将农用地转为建设用地的，按土地利用年度计划分批次由原批准土地利用总体规划的机关批准。在已批准的农用地转用范围内，具体建设项目用地可以由市、县人民政府批准。

本条第二款、第三款规定以外的建设项目占用土地，涉及农用地转为建设用地的，由省、自治区、直辖市人民政府批准。

第四十五条　征收下列土地的，由国务院批准：

（一）基本农田；

（二）基本农田以外的耕地超过三十五公顷的；

（三）其他土地超过七十公顷的。

征收前款规定以外的土地的，由省、自治区、直辖市人民政府批准，并报国务院备案。

征收农用地的，应当依照本法第四十四条的规定先行办理农用地转用审批。其中，经国务院批准农用地转用的，同时办理征地审批手续，不再另行办理征地审批。经省、自治区、直辖市人民政府在征地批准权限内批准农用地转用的，同时办理征地审批手续，不再另行办理征地审批，超过征地批准权限的，应当依照本条第一款的规定另行办理征地审批。

第四十六条　国家征收土地的，依照法定程序批准后，由县级以上地方人民政府予以公告并组织实施。

被征收土地的所有权人、使用权人应当在公告规定期限内，持土地权属证书到当地人民政府土地行政主管部门办理征地补偿登记。

第四十七条　征收土地的，按照被征收土地的原用途给予补偿。

征收耕地的补偿费用包括土地补偿费、安置补助费以及地上附着物和青苗的补偿费。征收耕地的土地补偿费，为该耕地被征收前三年平均年产值的六至十倍。征收耕地的安置补助费，按照需要安置的农业人口数计算。需要安置的农业人口数，按照被征收的耕地数量除以征地前被征收单位平均每人占有耕地的数量计算。每一个需要安置的农业人口的安置补助费标准，为该耕地被征收前三年平均年产值的四至六倍。但是，每公顷被征收耕地的安置补助费，最高不得超过被征收前三年平均年产值的十五倍。

征收其他土地的土地补偿费和安置补助费标准，由省、自治区、直辖市参照征收耕地的土地补偿费和安置补助费的标准规定。

被征收土地上的附着物和青苗的补偿标准，由省、自治区、直辖市规定。

征收城市郊区的菜地，用地单位应当按照国家有关规定缴纳新菜地开发建设基金。

依照本条第二款的规定支付土地补偿费和安置补助费，尚不能使需要安置的农民保持原有生活水平的，经省、自治区、直辖市人民政府批准，可以增加安置补助费。但是，土地补偿费和安置补助费的总和不得超过土地被征收前三年平均年产值的三十倍。

国务院根据社会、经济发展水平，在特殊情况下，可以提高征收耕地的土地补偿费和安置补助费的标准。

第四十八条　征地补偿安置方案确定后，有关地方人民政府应当公告，并听取被征地的农村集体经济组织和农民的意见。

第四十九条　被征地的农村集体经济组织应当将征收土地的补偿费用的收支状况向本集体经济组织的成员公布，接受监督。

禁止侵占、挪用被征收土地单位的征地补偿费用和其他有关费用。

第五十条　地方各级人民政府应当支持被征地的农村集体经济组织和农民从事开发经营，兴办企业。

第五十一条　大中型水利、水电工程建设征收土地的补偿费标准和移民安置办法，由国务院另行规定。

第五十二条　建设项目可行性研究论证时，土地行政主管部门可以根据土地利用总体规划、土地利用年度计划和建设用地标准，对建设用地有关事项进行审查，并提出意见。

第五十三条　经批准的建设项目需要使用国有建设用地的，建设单位应当持法律、行政法规规定的有关文件，向有批准权的县级以上人民政府土地行政主管部门提出建设用地申请，经土地行政主管部门审查，报本级人民政府批准。

第五十四条　建设单位使用国有土地，应当以出让等有偿使用方式取得。但是，下列建设用地，经县级以上人民政府依法批准，可以以划拨方式取得：

（一）国家机关用地和军事用地；

（二）城市基础设施用地和公益事业用地；

（三）国家重点扶持的能源、交通、水利等基础设施用地；

（四）法律、行政法规规定的其他用地。

第五十五条　以出让等有偿使用方式取得国有土地使用权的建设单位，按照国务院规定的标准和办法，缴纳土地使用权出让金等土地有偿使用费和其他费用后，方可使用土地。

自本法施行之日起，新增建设用地的土地有偿使用费，百分之三十上缴中央财政，百分之七十留给有关地方人民政府，都专项用于耕地开发。

第五十六条　建设单位使用国有土地的，应当按照土地使用权出让等有偿使用合同的约定或者土地使用权划拨批准文件的规定使用土地。确需改变该幅土地建设用途的，应当经有关人民政府土地行政主管部门同意，报原批准用地的人民政府批准。其中，在城市规划区内改变土地用途的，在报批前，应当先经有关城市规划行政主管部门同意。

第五十七条　建设项目施工和地质勘查需要临时使用国有土地或者农民集体所有的土地的，由县级以上人民政府土地行政主管部门批准。其中，在城市规划区内的临时用地，在报批前，应当先经有关城市规划行政主管部门同意。土地使用者应当根据土地权属，与有关土地行政主管部门或者农村集体经济组织、村民委员会签订临时使用土地合同，并按照合同的约定支付临时使用土地补偿费。

临时使用土地的使用者应当按照临时使用土地合同约定的用途使用土地，并不得修建永久性建筑物。

临时使用土地期限一般不超过二年。

第五十八条　有下列情形之一的，由有关人民政府土地行政主管部门报经原批准用地的人民政府或者有批准权的人民政府批准，可以收回国有土地使用权：

（一）为公共利益需要使用土地的；

（二）为实施城市规划进行旧城区改建，需要调整使用土地的；

（三）土地出让等有偿使用合同约定的使用期限届满，土地使用者未申请续期或者申请续期未获批准的；

（四）因单位撤销、迁移等原因，停止使用原划拨的国有土地的；

（五）公路、铁路、机场、矿场等经核准报废的。

依照前款第（一）项、第（二）项的规定收回国有土地使用权的，对土地使用权人应当给予适当补偿。

第五十九条　乡镇企业、乡（镇）村公共设施、公益事业、农村村民住宅等乡（镇）村建设，应当按照村庄和集镇规划，合理布局，综合开发，配套建设。建设用地，应当符合乡（镇）土地利用总体规划和土地利用年度计划，并依照本法第四十四条、第六十条、第六十一条、第六十二条的规定办理审批手续。

第六十条　农村集体经济组织使用乡（镇）土地利用总体规划确定的建设用地兴办企业或者与其他单位、个人以土地使用权入股、联营等形式共同举办企业的，应当持有关批准文件，向县级以上地方人民政府土地行政主管部门提出申请，按照省、自治区、直辖市规定的批准权限，由县级以上地方人民政府批准。其中，涉及占用农用地的，依照本法第四十四条的规定办理审批手续。

按照前款规定兴办企业的建设用地，必须严格控制。省、自治区、直辖市可以按照乡镇企业的不同行业和经营规模，分别规定用地标准。

第六十一条　乡（镇）村公共设施、公益事业建设，需要使用土地的，经乡（镇）人民政府审核，向县级以上地方人民政府土地行政主管部门提出申请，按照省、自治区、直辖市规定的批准权限，由县级以上地方人民政府批准。其中，涉及占用农用地的，依照本法第四十四条的规定办理审批手续。

第六十二条　农村村民一户只能拥有一处宅基地，其宅基地的面积不得超过省、自治区、直辖市规定的标准。

农村村民建住宅，应当符合乡（镇）土地利用总体规划，并尽量使用原有的宅基地和村内空闲地。

农村村民住宅用地，经乡（镇）人民政府审核，由县级人民政府批准。其中，涉及占用农用地的，依照本法第四十四条的规定办理审批手续。

农村村民出卖、出租住房后，再申请宅基地的，不予批准。

第六十三条　农民集体所有的土地的使用权不得出让、转让或者出租用于非农业建设。但是，符合土地利用总体规划并依法取得建设用地的企业，因破产、兼并等情形致使土地使用权依法发生转移的除外。

第六十四条　在土地利用总体规划制定前已建的不符合土地利用总体规划确定的用途的建筑物、构筑物，不得重建、扩建。

第六十五条　有下列情形之一的，农村集体经济组织报经原批准用地的人民政府批准，可以收回土地使用权：

（一）为乡（镇）村公共设施和公益事业建设，需要使用土地的；

（二）不按照批准的用途使用土地的；

（三）因撤销、迁移等原因而停止使用土地的。

依照前款第（一）项规定收回农民集体所有的土地的，对土地使用权人应当给予适当补偿。

第六章　监督检查

第六十六条　县级以上人民政府土地行政主管部门对违反土地管理法律、法规的行为进行监督检查。

土地管理监督检查人员应当熟悉土地管理法律、法规，忠于职守、秉公执法。

第六十七条　县级以上人民政府土地行政主管部门履行监督检查职责时，有权采取下列措施：

（一）要求被检查的单位或者个人提供有关土地权利的文件和资料，进行查阅或者予以复制；

（二）要求被检查的单位或者个人就有关土地权利的问题作出说明；

（三）进入被检查单位或者个人非法占用的土地现场进行勘测；

（四）责令非法占用土地的单位或者个人停止违反土地管理法律、法规的行为。

第六十八条　土地管理监督检查人员履行职责，需要进入现场进行勘测、要求有关单位或者个人提供文件、资料和作出说明的，应当出示土地管理监督检查证件。

第六十九条　有关单位和个人对县级以上人民政府土地行政主管部门就土地违法行为进行的监督检查应当支持与配合，并提供工作方便，不得拒绝与阻碍土地管理监督检查人员依法执行职务。

第七十条　县级以上人民政府土地行政主管部门在监督检查工作中发现国家工作人员的违法行为，依法应当给予行政处分的，应当依法予以处理。自己无权处理的，应当向同级或者上级人民政府的行政监察机关提出行政处分建议书，有关行政监察机关应当依法予以处理。

第七十一条　县级以上人民政府土地行政主管部门在监督检查工作中发现土地违法行为构成犯罪的，应当将案件移送有关机关，依法追究刑事责任。尚不构成犯罪的，应当依法给予行政处罚。

第七十二条　依照本法规定应当给予行政处罚，而有关土地行政主管部门不给予行政处罚的，上级人民政府土地行政主管部门有权责令有关土地行政主管部门作出行政处罚决定或者直接给予行政处罚，并给予有关土地行政主管部门的负责人行政处分。

第七章　法律责任

第七十三条　买卖或者以其他形式非法转让土地的，由县级以上人民政府土地行政主管部门没收违法所得。对违反土地利用总体规划擅自将农用地改为建设用地的，限期拆除在非法转让的土地上新建的建筑物和其他设施，恢复土地原状，对符合土地利用总体规划的，没收在非法转让的土地上新建的建筑物和其他设施。可以并处罚款。对直接负责的主管人员和其他直接责任人员，依法给予行政处分。构成犯罪的，依法追究刑事责任。

第七十四条　违反本法规定，占用耕地建窑、建坟或者擅自在耕地上建房、挖砂、采石、采矿、取土等，破坏种植条件的，或者因开发土地造成土地荒漠化、盐渍化的，由县级以上人民政府土地行政主管部门责令限期改正或者治理，可以并处罚款。构成犯罪的，依法追究刑事责任。

第七十五条　违反本法规定，拒不履行土地复垦义务的，由县级以上人民政府土地行政主管部门责令限期改正。逾期不改正的，责令缴纳复垦费，专项用于土地复垦，可以处以罚款。

第七十六条　未经批准或者采取欺骗手段骗取批准，非法占用土地的，由县级以上人民政府土地行政主管部门责令退还非法占用的土地，对违反土地利用总体规划擅自将农用地改为建设用地的，限期拆除在非法占用的土地上新建的建筑物和其他设施，恢复土地原状，对符合土地利用总体规划的，没收在非法占用的土地上新建的建筑物和其他设施，可以并处罚款。对非法占用土地单位的直接负责的主管人员和其他直接责任人员，依法给予行政处分。构成犯罪的，依法追究刑事责任。

超过批准的数量占用土地，多占的土地以非法占用土地论处。

第七十七条　农村村民未经批准或者采取欺骗手段骗取批准，非法占用土地建住宅的，由县级以上人民政府土地行政主管部门责令退还非法占用的土地，限期拆除在非法占用的土地上新建的房屋。

超过省、自治区、直辖市规定的标准，多占的土地以非法占用土地论处。

第七十八条　无权批准征收、使用土地的单位或者个人非法批准占用土地的，超越批准权限非法批准占用土地的，不按照土地利用总体规划确定的用途批准用地的，或者违反法律规定的程序批准占用、征收土地的，其批准文件无效，对非法批准征收、使用土地的直接负责的主管人员和其他直接责任人员，依法给予行政处分。构成犯罪的，依法追究刑事责任。非法批准、使用的土地应当收回，有关当事人拒不归还的，以非法占用土地论处。

非法批准征收、使用土地，对当事人造成损失的，依法应当承担赔偿责任。

第七十九条　侵占、挪用被征收土地单位的征地补偿费用和其他有关费用，构成犯罪的，依法追究刑事责任。尚不构成犯罪的，依法给予行政处分。

第八十条　依法收回国有土地使用权当事人拒不交出土地的，临时使用土地期满拒不归还的，或者不按照批准的用途使用国有土地的，由县级以上人民政府土地行政主管部门责令交还土地，处以罚款。

第八十一条　擅自将农民集体所有的土地的使用权出让、转让或者出租用于非农业建设的，由县级以上人民政府土地行政主管部门责令限期改正，没收违法所得，并处罚款。

第八十二条　不依照本法规定办理土地变更登记的，由县级以上人民政府土地行政主管部门责令其限期办理。

第八十三条　依照本法规定，责令限期拆除在非法占用的土地上新建的建筑物和其他设施的，建设单位或者个人必须立即停止施工，自行拆除。对继续施工的，作出处罚决定的机关有权制止。建设单位或者个人对责令限期拆除的行政处罚决定不服的，可以在接到责令限期拆除决定之日起十五日内，向人民法院起诉。期满不起诉又不自行拆除的，由作出处罚决定的机关依法申请人民法院强制执行，费用由违法者承担。

第八十四条　土地行政主管部门的工作人员玩忽职守、滥用职权、徇私舞弊，构成犯罪的，依法追究刑事责任。尚不构成犯罪的，依法给予行政处分。

第八章　附　　则

第八十五条　中外合资经营企业、中外合作经营企业、外资企业使用土地的，适用本法。法律另有规定的，从其规定。

第八十六条　本法自1999年1月1日起施行。

2.《中华人民共和国农村土地承包法》

第一章　总　　则

第一条　为稳定和完善以家庭承包经营为基础、统分结合的双层经营体制，赋予农民长期而有保障的土地使用权，维护农村土地承包当事人的合法权益，促进农业、农村经济发展和农村社会稳定，根据宪法，制定本法。

第二条　本法所称农村土地，是指农民集体所有和国家所有依法由农民集体使用的耕地、林地、草地，以及其他依法用于农业的土地。

第三条　国家实行农村土地承包经营制度。农村土地承包采取农村集体经济组织内部的家庭承包方式，不宜采取家庭承包方式的荒山、荒沟、荒丘、荒滩等农村土地，可以采取招标、拍卖、公开协商等方式承包。

第四条　国家依法保护农村土地承包关系的长期稳定。农村土地承包后，土地的所有权性质不变。承包地不得买卖。

第五条　农村集体经济组织成员有权依法承包由本集体经济组织发包的农村土地。任何组织和个人不得剥夺和非法限制农村集体经济组织成员承包土地的权利。

第六条　农村土地承包，妇女与男子享有平等的权利。承包中应当保护妇女的合法权益，任何组织和个人不得剥夺、侵害妇女应当享有的土地承包经营权。

第七条　农村土地承包应当坚持公开、公平、公正的原则，正确处理国家、集体、个人三者的利益关系。

第八条　农村土地承包应当遵守法律、法规，保护土地资源的合理开发和可持续利用。未经依法批准不得将承包地用于非农建设。国家鼓励农民和农村集体经济组织增加对土地的投入，培肥地力，提高农业生产能力。

第九条　国家保护集体土地所有者的合法权益，保护承包方的土地承包经营权，任何组织和个人不得侵犯。

第十条　国家保护承包方依法、自愿、有偿地进行土地承包经营权流转。

第十一条　国务院农业、林业行政主管部门分别依照国务院规定的职责负责全国农村土地承包及承包合同管理的指导。县级以上地方人民政府农业、林业等行政主管部门分别依照各自职责，负责本行政区域内农村土地承包及承包合同管理。乡（镇）人民政府负责本行政区域内农村土地承包及承包合同管理。

第二章　家庭承包

第一节　发包方和承包方的权利和义务

第十二条　农民集体所有的土地依法属于村农民集体所有的，由村集体经济组织或者村民委员会发包。已经分别属于村内两个以上农村集体经济组织的农民集体所有的，由村内各该农村集体经济组织或者村民小组发包。村集体经济组织或者村民委员会发包的，不得改变村内各集体经济组织农民集体所有的土地的所有权。

国家所有依法由农民集体使用的农村土地，由使用该土地的农村集体经济组织、村民委员会或者村民小组发包。

第十三条　发包方享有下列权利：

（一）发包本集体所有的或者国家所有依法由本集体使用的农村土地；

（二）监督承包方依照承包合同约定的用途合理利用和保护土地；

（三）制止承包方损害承包地和农业资源的行为；

（四）法律、行政法规规定的其他权利。

第十四条　发包方承担下列义务：

（一）维护承包方的土地承包经营权，不得非法变更、解除承包合同；

（二）尊重承包方的生产经营自主权，不得干涉承包方依法进行正常的生产经营活动；

（三）依照承包合同约定为承包方提供生产、技术、信息等服务；

（四）执行县、乡（镇）土地利用总体规划，组织本集体经济组织内的农业基础设施建设；

（五）法律、行政法规规定的其他义务。

第十五条　家庭承包的承包方是本集体经济组织的农户。

第十六条　承包方享有下列权利：

（一）依法享有承包地使用、收益和土地承包经营权流转的权利，有权自主组织生产经营和处置产品；

（二）承包地被依法征用、占用的，有权依法获得相应的补偿；

（三）法律、行政法规规定的其他权利。

第十七条　承包方承担下列义务：

（一）维持土地的农业用途，不得用于非农建设；

（二）依法保护和合理利用土地，不得给土地造成永久性损害；

（三）法律、行政法规规定的其他义务。

第二节　承包的原则和程序

第十八条　土地承包应当遵循以下原则：

（一）按照规定统一组织承包时，本集体经济组织成员依法平等地行使承包土地的权利，也可以自愿放弃承包土地的权利；

（二）民主协商，公平合理；

（三）承包方案应当按照本法第十二条的规定，依法经本集体经济组织成员的村民会议三分之二以上成员或者三分之二以上村民代表的同意；

（四）承包程序合法。

第十九条　土地承包应当按照以下程序进行：

（一）本集体经济组织成员的村民会议选举产生承包工作小组；

（二）承包工作小组依照法律、法规的规定拟订并公布承包方案；

（三）依法召开本集体经济组织成员的村民会议，讨论通过承包方案；

（四）公开组织实施承包方案；

（五）签订承包合同。

第三节　承包期限和承包合同

第二十条　耕地的承包期为三十年。草地的承包期为三十年至五十年。林地的承包期为三十年至七十年。特殊林木的林地承包期，经国务院林业行政主管部门批准可以延长。

第二十一条　发包方应当与承包方签订书面承包合同。承包合同一般包括以下条款：

（一）发包方、承包方的名称，发包方负责人和承包方代表的姓名、住所；

（二）承包土地的名称、坐落、面积、质量等级；

（三）承包期限和起止日期；

（四）承包土地的用途；

（五）发包方和承包方的权利和义务；

（六）违约责任。

第二十二条　承包合同自成立之日起生效。承包方自承包合同生效时取得土地承包经营权。

第二十三条　县级以上地方人民政府应当向承包方颁发土地承包经营权证或者林权证等证书，并登记造册，确认土地承包经营权。

颁发土地承包经营权证或者林权证等证书，除按规定收取证书工本费外，不得收取其他费用。

第二十四条　承包合同生效后，发包方不得因承办人或者负责人的变动而变更或者解除，也不得因集体经济组织的分立或者合并而变更或者解除。

第二十五条　国家机关及其工作人员不得利用职权干涉农村土地承包或者变更、解除承包合同。

第四节　土地承包经营权的保护

第二十六条　承包期内，发包方不得收回承包地。承包期内，承包方全家迁入小城镇落户的，应当按照承包方的意愿，保留其土地承包经营权或者允许其依法进行土地承包经营权流转。承包期内，承包方全家迁入设区的市，转为非农业户口的，应当将承包的耕地和草地交回发包方。承包方不交回的，发包方可以收回承包的耕地和草地。承包期内，承包方交回承包地或者发包方依法收回承包地时，承包方对其在承包地上投入而提高土地生产能力的，有权获得相应的补偿。

第二十七条　承包期内，发包方不得调整承包地。承包期内，因自然灾害严重毁损承包地等特殊情形对个别农户之间承包的耕地和草地需要适当调整的，必须经本集体经济组织成员的村民会议三分之二以上成员或者三分之二以上村民代表的同意，并报乡（镇）人民政府和县级人民政府农业等行政主管部门批准。承包合同中约定不得调整的，按照其约定。

第二十八条　下列土地应当用于调整承包土地或者承包给新增人口：

（一）集体经济组织依法预留的机动地；

（二）通过依法开垦等方式增加的；

（三）承包方依法、自愿交回的。

第二十九条　承包期内，承包方可以自愿将承包地交回发包方。承包方自愿交回承包地的，应当提前半年以书面形式通知发包方。承包方在承包期内交回承包地的，在承包期内不得再要求承包土地。

第三十条　承包期内，妇女结婚，在新居住地未取得承包地的，发包方不得收回其原承包地。妇女离婚或者丧偶，仍在原居住地生活或者不在原居住地生活但在新居住地未取得承包地的，发包方不得收回其原承包地。

第三十一条　承包人应得的承包收益，依照继承法的规定继承。林地承包的承包人死亡，其继承人可以在承包期内继续承包。

第五节　土地承包经营权的流转

第三十二条　通过家庭承包取得的土地承包经营权可以依法采取转包、出租、互换、转让或者其他方式流转。

第三十三条　土地承包经营权流转应当遵循以下原则：

（一）平等协商、自愿、有偿，任何组织和个人不得强迫或者阻碍承包方进行土地承包经营权流转；

（二）不得改变土地所有权的性质和土地的农业用途；

（三）流转的期限不得超过承包期的剩余期限；

（四）受让方须有农业经营能力；

（五）在同等条件下，本集体经济组织成员享有优先权。

第三十四条　土地承包经营权流转的主体是承包方。承包方有权依法自主决定土地承包经营权是否流转和流转的方式。

第三十五条　承包期内，发包方不得单方面解除承包合同，不得假借少数服从多数强迫承包方放弃或者变更土地承包经营权，不得以划分“口粮田”和“责任田”等为由收回承包地搞招标承包，不得将承包地收回抵顶欠款。

第三十六条　土地承包经营权流转的转包费、租金、转让费等，应当由当事人双方协商确定。流转的收益归承包方所有，任何组织和个人不得擅自截留、扣缴。

第三十七条　土地承包经营权采取转包、出租、互换、转让或者其他方式流转，当事人双方应当签订书面合同。采取转让方式流转的，应当经发包方同意。采取转包、出租、互换或者其他方式流转的，应当报发包方备案。

土地承包经营权流转合同一般包括以下条款：

（一）双方当事人的姓名、住所；

（二）流转土地的名称、坐落、面积、质量等级；

（三）流转的期限和起止日期；

（四）流转土地的用途；

（五）双方当事人的权利和义务；

（六）流转价款及支付方式；

（七）违约责任。

第三十八条　土地承包经营权采取互换、转让方式流转，当事人要求登记的，应当向县级以上地方人民政府申请登记。未经登记，不得对抗善意第三人。

第三十九条　承包方可以在一定期限内将部分或者全部土地承包经营权转包或者出租给第三方，承包方与发包方的承包关系不变。承包方将土地交由他人代耕不超过一年的，可以不签订书面合同。

第四十条　承包方之间为方便耕种或者各自需要，可以对属于同一集体经济组织的土地的土地承包经营权进行互换。

第四十一条　承包方有稳定的非农职业或者有稳定的收入来源的，经发包方同意，可以将全部或者部分土地承包经营权转让给其他从事农业生产经营的农户，由该农户同发包方确立新的承包关系，原承包方与发包方在该土地上的承包关系即行终止。

第四十二条　承包方之间为发展农业经济，可以自愿联合将土地承包经营权入股，从事农业合作生产。

第四十三条　承包方对其在承包地上投入而提高土地生产能力的，土地承包经营权依法流转时有权获得相应的补偿。

第三章　其他方式的承包

第四十四条　不宜采取家庭承包方式的荒山、荒沟、荒丘、荒滩等农村土地，通过招标、拍卖、公开协商等方式承包的，适用本章规定。

第四十五条　以其他方式承包农村土地的，应当签订承包合同。当事人的权利和义务、承包期限等，由双方协商确定。以招标、拍卖方式承包的，承包费通过公开竞标、竞价确定。以公开协商等方式承包的，承包费由双方议定。

第四十六条　荒山、荒沟、荒丘、荒滩等可以直接通过招标、拍卖、公开协商等方式实行承包经营，也可以将土地承包经营权折股份给本集体经济组织成员后，再实行承包经营或者股份合作经营。承包荒山、荒沟、荒丘、荒滩的，应当遵守有关法律、行政法规的规定，防止水土流失，保护生态环境。

第四十七条　以其他方式承包农村土地，在同等条件下，本集体经济组织成员享有优先承包权。

第四十八条　发包方将农村土地发包给本集体经济组织以外的单位或者个人承包，应当事先经本集体经济组织成员的村民会议三分之二以上成员或者三分之二以上村民代表的同意，并报乡（镇）人民政府批准。由本集体经济组织以外的单位或者个人承包的，应当对承包方的资信情况和经营能力进行审查后，再签订承包合同。

第四十九条　通过招标、拍卖、公开协商等方式承包农村土地，经依法登记取得土地承包经营权证或者林权证等证书的，其土地承包经营权可以依法采取转让、出租、入股、抵押或者其他方式流转。

第五十条　土地承包经营权通过招标、拍卖、公开协商等方式取得的，该承包人死亡，其应得的承包收益，依照继承法的规定继承。在承包期内，其继承人可以继续承包。

第四章　争议的解决和法律责任

第五十一条　因土地承包经营发生纠纷的，双方当事人可以通过协商解决，也可以请求村民委员会、乡（镇）人民政府等调解解决。

当事人不愿协商、调解或者协商、调解不成的，可以向农村土地承包仲裁机构申请仲裁，也可以直接向人民法院起诉。

第五十二条　当事人对农村土地承包仲裁机构的仲裁裁决不服的，可以在收到裁决书之日起三十日内向人民法院起诉。逾期不起诉的，裁决书即发生法律效力。

第五十三条　任何组织和个人侵害承包方的土地承包经营权的，应当承担民事责任。

第五十四条　发包方有下列行为之一的，应当承担停止侵害、返还原物、恢复原状、排除妨害、消除危险、赔偿损失等民事责任：

（一）干涉承包方依法享有的生产经营自主权；

（二）违反本法规定收回、调整承包地；

（三）强迫或者阻碍承包方进行土地承包经营权流转；

（四）假借少数服从多数强迫承包方放弃或者变更土地承包经营权而进行土地承包经营权流转；

（五）以划分“口粮田”和“责任田”等为由收回承包地搞招标承包；

（六）将承包地收回抵顶欠款；

（七）剥夺、侵害妇女依法享有的土地承包经营权；

（八）其他侵害土地承包经营权的行为。

第五十五条　承包合同中违背承包方意愿或者违反法律、行政法规有关不得收回、调整承包地等强制性规定的约定无效。

第五十六条　当事人一方不履行合同义务或者履行义务不符合约定的，应当依照《中华人民共和国合同法》的规定承担违约责任。

第五十七条　任何组织和个人强迫承包方进行土地承包经营权流转的，该流转无效。

第五十八条　任何组织和个人擅自截留、扣缴土地承包经营权流转收益的，应当退还。

第五十九条　违反土地管理法规，非法征用、占用土地或者贪污、挪用土地征用补偿费用，构成犯罪的，依法追究刑事责任。造成他人损害的，应当承担损害赔偿等责任。

第六十条 承包方违法将承包地用于非农建设的，由县级以上地方人民政府有关行政主管部门依法予以处罚。

承包方给承包地造成永久性损害的，发包方有权制止，并有权要求承包方赔偿由此造成的损失。

第六十一条 国家机关及其工作人员有利用职权干涉农村土地承包，变更、解除承包合同，干涉承包方依法享有的生产经营自主权，或者强迫、阻碍承包方进行土地承包经营权流转等侵害土地承包经营权的行为，给承包方造成损失的，应当承担损害赔偿等责任。情节严重的，由上级机关或者所在单位给予直接责任人员行政处分。构成犯罪的，依法追究刑事责任。

第五章 附 则

第六十二条 本法实施前已经按照国家有关农村土地承包的规定承包，包括承包期限长于本法规定的，本法实施后继续有效，不得重新承包土地。未向承包方颁发土地承包经营权证或者林权证等证书的，应当补发证书。

第六十三条 本法实施前已经预留机动地的，机动地面积不得超过本集体经济组织耕地总面积的百分之五。不足百分之五的，不得再增加机动地。本法实施前未留机动地的，本法实施后不得再留机动地。

第六十四条 各省、自治区、直辖市人民代表大会常务委员会可以根据本法，结合本行政区域的实际情况，制定实施办法。

第六十五条 本法自2003年3月1日起施行。

3. 湖南省实施《中华人民共和国农村土地承包法》办法

第一章 总 则

第一条 根据《中华人民共和国农村土地承包法》（以下简称《农村土地承包法》），结合本省实际，制定本办法。

第二条 本省行政区域内农民集体所有和国家所有依法由农民集体使用的耕地、林地、草地和荒山、荒丘、荒沟、荒滩（洲），以及其他依法用于农业的土地的承包，应当遵守本办法。

第三条 各级人民政府应当依法维护农村土地承包关系的长期稳定，保护农村土地承包当事人的合法权益，提高农民承包土地的积极性。

第四条 县级以上人民政府农业、林业等行政主管部门（以下统称农村土地承包及承包合同管理机构）分别依照各自职责，负责本行政区域内农村土地承包及承包合同管理工作。

乡镇人民政府负责本行政区域内农村土地承包及承包合同管理工作。辖有农村土地的街道办事处负责本辖区内的农村土地承包及承包合同管理的具体工作。

第五条　农村土地承包及承包合同管理工作经费列入同级财政预算，不得向农民收取。

第二章　家庭承包

第六条　农村集体经济组织、村民委员会或者村民小组（以下统称集体组织）采取家庭承包方式对农村土地进行统一发包时，本集体组织的所有成员享有平等的承包权。

本集体组织成员自愿放弃承包权的，必须向发包方提出由本人签名或者盖章的书面声明。

第七条　村民委员会发包土地的，承包方案必须经本村村民会议或者村民代表会议三分之二以上成员同意。

农村集体经济组织、村民小组发包土地的，承包方案必须经本集体组织十八周岁以上成员的三分之二以上同意。

第八条　发包方应当与承包方签订书面承包合同。承包合同由发包方、发包方负责人和承包方代表签名或者盖章。

承包合同一式三份，合同双方各执一份，由发包方在合同签订之日起三十日内向乡镇人民政府或者街道办事处备案一份。

省人民政府农村土地承包及承包合同管理机构应当对承包合同文本进行规范。

第九条　承包方自承包合同生效时起取得农村土地承包经营权。

土地承包经营权证、林权证等证书由乡镇人民政府、街道办事处向县级人民政府统一领取，并于领取之日起三十日内向承包方发放。

土地承包经营权证、林权证等证书式样，分别按照国务院农业、林业行政主管部门的规定执行。

第十条　承包合同是确定发包方、承包方土地承包关系的凭据，土地承包经营权证、林权证等证书是确认承包方土地经营权的凭证，应当妥善保管。

发包方、乡镇人民政府、街道办事处、县级人民政府农村土地承包及承包合同管理机构应当按照职责分工，确定专人负责承包合同、土地承包经营权证和林权证等证书的登记、建档、保管、查询等工作。

第十一条　承包期内，有下列特殊情形之一，需要对个别农户之间承包的耕地和草地适当调整的，应当按照本办法第七条的规定经本集体组织三分之二以上成员同意，并报乡镇人民政府、街道办事处和县级人民政府农村土地承包及承包合同管理机构批准：

（一）承包地因自然灾害严重毁损的；

（二）承包地被依法征收或者征用的；

（三）承包地被乡村公共设施、公益事业建设依法占用的；

（四）法律、法规规定的其他特殊情形。

第十二条　承包期内，承包方家庭成员减少、服兵役、升学、服刑，发包方不得收回其承包地。

承包期内，妇女结婚，在新居住地未取得承包地的，发包方不得收回其原承包地；离婚或者丧偶的妇女，仍在原居住地生活或者不在原居住地生活但在新居住地未取得承包地的，发包方不得收回其承包地。

第十三条　承包方依法取得的农村土地承包经营权受法律保护，任何组织和个人不得侵犯承包方依法使用承包地、自主组织生产经营、处置产品和取得承包收益的权利。

第十四条　承包方有权按照依法、自愿、有偿的原则，采取转包、出租、互换、转让、代耕等方式，进行农村土地承包经营权流转。任何组织和个人不得妨碍或者强迫承包方进行农村土地承包经营权流转。

第十五条　承包方进行农村土地承包经营权流转，承包方或者第三方要求发包方提供协助的，发包方应当提供协助，发包方也可以指导承包方进行农村土地承包经营权流转，但不得违背承包方的意愿，不得截留、扣缴承包方的流转收益。

第十六条　承包方之间为发展农业经济，可以自愿联合将土地承包经营权入股，从事农业合作生产。

第十七条　农村土地承包经营权采取转让方式流转的，应当经发包方同意，发包方应当在收到承包方的申请后十日内答复；逾期不答复的，视为同意。采取其他方式流转的，由承包方报发包方备案。

第十八条　国家为了公共利益的需要依法征收或者征用农村集体所有的土地，必须依法办理征地手续，并依法予以补偿安置。

土地行政主管部门拟定的征地补偿安置方案，应当听取被征地的农村集体组织和农民的意见。被征地的农村集体组织和农民对征地补偿安置方案有权要求举行听证会。征地工作完成后，土地行政主管部门应当将征收或者征用承包地的情况抄告县级人民政府农村土地承包及承包合同管理机构。

禁止随意扩大征收或者征用土地的范围；禁止降低土地补偿安置标准；禁止侵占或者挪用土地补偿安置费用。

第十九条　乡村道路、学校、医疗卫生设施等乡村公共设施、公益事业建设需要占用承包地的，应当按照本办法第七条的规定事先经本集体组织三分之二以上成员同意，依法办理有关审批手续，并妥善安置承包方。

第二十条　有下列情形之一，需要变更承包合同和土地承包经营权证或者林权证等证书的，应当按照本办法第八条、第九条规定的程序办理：

（一）承包方部分交回承包地的；

（二）承包方互换、转让土地承包经营权的；

（三）承包方部分土地依法被征收、征用或者按照本办法第十九条的规定被占用的；

（四）发包方依照法律、法规规定对承包方土地进行调整的。

第二十一条　有下列情形之一的，承包合同解除或者终止，土地承包经营权证或者林权证等证书由颁发机关公告注销作废：

（一）承包方全部交回承包地的；

（二）承包方全部土地依法被征收、征用或者按照本办法第十九条的规定被占用的；

（三）承包林地的承包方家庭全部成员死亡且无继承人，或者承包除林地以外的土地的承包方家庭全部成员死亡的；

（四）承包期满的；

（五）法律、法规规定的其他情形。

承包方在承包期内自愿交回承包土地的，在承包期内不得再要求承包土地。

第二十二条　承包方应当依法保护和合理利用土地，不得改变土地的农业用途；不得占用耕地建窑、建坟或者擅自在耕地上建房、挖砂、采石、采矿等；不得给土地造成永久性损害。

第三章　其他方式的承包

第二十三条　不宜采取家庭承包方式的荒山、荒沟、荒丘、荒滩（洲）、茶（果、园艺）场、养殖水面等农村土地，应当采取招标、拍卖、公开协商等方式承包。

承包方案应当明确招标、拍卖、公开协商等方式的具体程序，并按照本办法第七条的规定事先经本集体组织三分之二以上的成员同意。

第二十四条　发包方与承包方应当按照本办法第八条的规定签订书面承包合同；需要申领土地承包经营权证或者林权证等证书的，按照本办法第九条第二款规定办理。

第四章　争议的解决和法律责任

第二十五条　因农村土地承包经营发生纠纷的，双方当事人可以协商解决，可以请求村民委员会或者乡镇人民政府、街道办事处等调解解决，或者申请农村土地承包仲裁机构仲裁，也可以直接向人民法院起诉。

协商、调解、仲裁、诉讼期间，双方当事人不得影响对方的正常生产。

第二十六条　农村土地承包经营纠纷仲裁不得向当事人收取费用。

对确因经济困难无力支付法律服务费用的农民进行农村土地承包经营权的诉讼，人民法院应当依法缓收、减收或者免收案件诉讼费。

司法行政部门及法律援助机构应当依法为进行农村土地承包经营纠纷仲裁、

诉讼的农民提供法律援助。

第二十七条 发包方、承包方不履行承包合同义务或者履行义务不符合约定的，应当依法承担违约责任。

第二十八条 国家机关及其工作人员利用职权干涉农村土地承包或者承包方依法享有的生产经营自主权，或者强迫、阻碍承包方进行土地承包经营权流转，或者非法征收、征用农村集体所有的土地等，给承包方造成损失的，应当承担损害赔偿等责任；对直接责任人员由其所在单位或者上级机关依法给予行政处分；构成犯罪的，依法追究刑事责任。

第二十九条 违反本办法其他规定，依照《农村土地承包法》等法律、法规应当给予处罚的，由相关部门依法给予处罚。

第五章 附 则

第三十条 本办法实施前签订的承包合同继续有效，但合同期限短于法律规定或者合同中关于收回、调整承包地的条款违反法律规定的，必须按照法律的规定执行。

第三十一条 本办法实施前颁发的土地承包经营权证和林权证等证书继续有效，但证书上未加盖县级以上人民政府印章的，县级以上人民政府应当为承包方加盖印章；未向承包方颁发土地承包经营权证或者林权证等证书的，应当在本办法实施后六个月内，依照本办法第九条规定补发证书。

加盖印章不得收取费用；补发证书，不得改变原承包合同起止日期，不得借机调整土地。

第三十二条 存在权属争议的农村土地，应当在依法解决土地权属争议后方可发包。

第三十三条 辖有农村土地的城市居民委员会发包土地的，参照本办法执行。

第三十四条 本办法自2004年10月1日起施行。

4.《中华人民共和国农村土地承包经营权流转管理办法》

第一章 总 则

第一条 为规范农村土地承包经营权流转行为，维护流转双方当事人合法权益，促进农业和农村经济发展，根据《农村土地承包法》及有关规定制定本办法。

第二条 农村土地承包经营权流转应当在坚持农户家庭承包经营制度和稳定农村土地承包关系的基础上，遵循平等协商、依法、自愿、有偿的原则。

第三条 农村土地承包经营权流转不得改变承包土地的农业用途，流转期限不得超过承包期的剩余期限，不得损害利害关系人和农村集体经济组织的合法权益。

第四条　农村土地承包经营权流转应当规范有序。依法形成的流转关系应当受到保护。

第五条　县级以上人民政府农业行政主管（或农村经营管理）部门依照同级人民政府规定的职责负责本行政区域内的农村土地承包经营权流转及合同管理的指导。

第二章　流转当事人

第六条　承包方有权依法自主决定承包土地是否流转、流转的对象和方式。任何单位和个人不得强迫或者阻碍承包方依法流转其承包土地。

第七条　农村土地承包经营权流转收益归承包方所有，任何组织和个人不得侵占、截留、扣缴。

第八条　承包方自愿委托发包方或中介组织流转其承包土地的，应当由承包方出具土地流转委托书。委托书应当载明委托的事项、权限和期限等，并有委托人的签名或盖章。

没有承包方的书面委托，任何组织和个人无权以任何方式决定流转农户的承包土地。

第九条　农村土地承包经营权流转的受让方可以是承包农户，也可以是其他按有关法律及有关规定允许从事农业生产经营的组织和个人。在同等条件下，本集体经济组织成员享有优先权。受让方应当具有农业经营能力。

第十条　农村土地承包经营权流转方式、期限和具体条件，由流转双方平等协商确定。

第十一条　承包方与受让方达成流转意向后，以转包、出租、互换或者其他方式流转的，承包方应当及时向发包方备案；以转让方式流转的，应当事先向发包方提出转让申请。

第十二条　受让方应当依照有关法律、法规的规定保护土地，禁止改变流转土地的农业用途。

第十三条　受让方将承包方以转包、出租方式流转的土地实行再流转，应当取得原承包方的同意。

第十四条　受让方在流转期间因投入而提高土地生产能力的，土地流转合同到期或者未到期由承包方依法收回承包土地时，受让方有权获得相应的补偿。具体补偿办法可以在土地流转合同中约定或双方通过协商解决。

第三章　流转方式

第十五条　承包方依法取得的农村土地承包经营权可以采取转包、出租、互换、转让或者其他符合有关法律和国家政策规定的方式流转。

第十六条　承包方依法采取转包、出租、入股方式将农村土地承包经营权部分或者全部流转的，承包方与发包方的承包关系不变，双方享有的权利和承担的义务不变。

第十七条　同一集体经济组织的承包方之间自愿将土地承包经营权进行互换，双方对互换土地原享有的承包权利和承担的义务也相应互换，当事人可以要求办理农村土地承包经营权证变更登记手续。

第十八条　承包方采取转让方式流转农村土地承包经营权的，经发包方同意后，当事人可以要求及时办理农村土地承包经营权证变更、注销或重发手续。

第十九条　承包方之间可以自愿将承包土地入股发展农业合作生产，但股份合作解散时入股土地应当退回原承包农户。

第二十条　通过转让、互换方式取得的土地承包经营权经依法登记获得土地承包经营权证后，可以依法采取转包、出租、互换、转让或者其他符合法律和国家政策规定的方式流转。

第四章　流转合同

第二十一条　承包方流转农村土地承包经营权，应当与受让方在协商一致的基础上签订书面流转合同。

农村土地承包经营权流转合同一式四份，流转双方各执一份，发包方和乡（镇）人民政府农村土地承包管理部门各备案一份。承包方将土地交由他人代耕不超过一年的，可以不签订书面合同。

第二十二条　承包方委托发包方或者中介服务组织流转其承包土地的，流转合同应当由承包方或其书面委托的代理人签订。

第二十三条　农村土地承包经营权流转合同一般包括以下内容：

（一）双方当事人的姓名、住所；

（二）流转土地的四至、坐落、面积、质量等级；

（三）流转的期限和起止日期；

（四）流转方式；

（五）流转土地的用途；

（六）双方当事人的权利和义务；

（七）流转价款及支付方式；

（八）流转合同到期后地上附着物及相关设施的处理；

（九）违约责任。

农村土地承包经营权流转合同文本格式由省级人民政府农业行政主管部门确定。

第二十四条　农村土地承包经营权流转当事人可以向乡（镇）人民政府农村土地承包管理部门申请合同鉴证。乡（镇）人民政府农村土地承包管理部门不得强迫土地承包经营权流转当事人接受鉴证。

第五章　流转管理

第二十五条　发包方对承包方提出的转包、出租、互换或者其他方式流转承包土地的要求，应当及时办理备案，并报告乡（镇）人民政府农村土地承包管理部门。

承包方转让承包土地，发包方同意转让的，应当及时向乡（镇）人民政府农村土地承包管理部门报告，并配合办理有关变更手续；发包方不同意转让的，应当于七日内向承包方书面说明理由。

第二十六条　乡（镇）人民政府农村土地承包管理部门应当及时向达成流转意向的承包方提供统一文本格式的流转合同，并指导签订。

第二十七条　乡（镇）人民政府农村土地承包管理部门应当建立农村土地承包经营权流转情况登记册，及时准确记载农村土地承包经营权流转情况。以转包、出租或者其他方式流转承包土地的，及时办理相关登记；以转让、互换方式流转承包土地的，及时办理有关承包合同和土地承包经营权证变更等手续。

第二十八条　乡（镇）人民政府农村土地承包管理部门应当对农村土地承包经营权流转合同及有关文件、文本、资料等进行归档并妥善保管。

第二十九条　采取互换、转让方式流转土地承包经营权，当事人申请办理土地承包经营权流转登记的，县级人民政府农业行政（或农村经营管理）主管部门应当予以受理，并依照《农村土地承包经营权证管理办法》的规定办理。

第三十条　从事农村土地承包经营权流转服务的中介组织应当向县级以上地方人民政府农业行政（或农村经营管理）主管部门备案并接受其指导，依照法律和有关规定提供流转中介服务。

第三十一条　乡（镇）人民政府农村土地承包管理部门在指导流转合同签订或流转合同鉴证中，发现流转双方有违反法律法规的约定，要及时予以纠正。

第三十二条　县级以上地方人民政府农业行政（或农村经营管理）主管部门应当加强对乡（镇）人民政府农村土地承包管理部门工作的指导。乡（镇）人民政府农村土地承包管理部门应当依法开展农村土地承包经营权流转的指导和管理工作，正确履行职责。

第三十三条　农村土地承包经营权流转发生争议或者纠纷，当事人应当依法协商解决。当事人协商不成的，可以请求村民委员会、乡（镇）人民政府调解。当事人不愿协商或者调解不成的，可以向农村土地承包仲裁机构申请仲裁，也可以直接向人民法院起诉。

第六章　附　　则

第三十四条　通过招标、拍卖和公开协商等方式承包荒山、荒沟、荒丘、荒滩等农村土地，经依法登记取得农村土地承包经营权证的，可以采取转让、出租、入股、抵押或者其他方式流转，其流转管理参照本办法执行。

第三十五条　本办法所称转让是指承包方有稳定的非农职业或者有稳定的收入来源，经承包方申请和发包方同意，将部分或全部土地承包经营权让渡给其他从事农业生产经营的农户，由其履行相应土地承包合同的权利和义务。转让后原土地承包关系自行终止，原承包方承包期内的土地承包经营权部分或全部灭失。

转包是指承包方将部分或全部土地承包经营权以一定期限转给同一集体经济组织的其他农户从事农业生产经营。转包后原土地承包关系不变，原承包方继续履行原土地承包合同规定的权利和义务。接包方按转包时约定的条件对转包方负责。承包方将土地交他人代耕不足一年的除外。

互换是指承包方之间为方便耕作或者各自需要，对属于同一集体经济组织的承包地块进行交换，同时交换相应的土地承包经营权。

入股是指实行家庭承包方式的承包方之间为发展农业经济，将土地承包经营权作为股权，自愿联合从事农业合作生产经营；其他承包方式的承包方将土地承包经营权量化为股权，入股组成股份公司或者合作社等，从事农业生产经营。

出租是指承包方将部分或全部土地承包经营权以一定期限租赁给他人从事农业生产经营。出租后原土地承包关系不变，原承包方继续履行原土地承包合同规定的权利和义务。承租方按出租时约定的条件对承包方负责。

本办法所称受让方包括接包方、承租方等。

第三十六条　本办法自2005年3月1日起正式施行。

5. 中华人民共和国农民专业合作社法

（2006年10月31日第十届全国人民代表大会常务委员会第二十四次会议通过
2017年12月27日第十二届全国人民代表大会常务委员会第三十一次会议修订）

目录

第一章　总　　则

第一条　为了规范农民专业合作社的组织和行为，鼓励、支持、引导农民专业合作社的发展，保护农民专业合作社及其成员的合法权益，推进农业农村现代化，制定本法。

第二条　本法所称农民专业合作社，是指在农村家庭承包经营基础上，农产品的生产经营者或者农业生产经营服务的提供者、利用者，自愿联合、民主管理的互助性经济组织。

第三条　农民专业合作社以其成员为主要服务对象，开展以下一种或者多种业务：

（一）农业生产资料的购买、使用；

（二）农产品的生产、销售、加工、运输、贮藏及其他相关服务；

（三）农村民间工艺及制品、休闲农业和乡村旅游资源的开发经营等；

（四）与农业生产经营有关的技术、信息、设施建设运营等服务。

第四条　农民专业合作社应当遵循下列原则：

（一）成员以农民为主体；

（二）以服务成员为宗旨，谋求全体成员的共同利益；

（三）入社自愿、退社自由；

（四）成员地位平等，实行民主管理；

（五）盈余主要按照成员与农民专业合作社的交易量（额）比例返还。

第五条　农民专业合作社依照本法登记，取得法人资格。

农民专业合作社对由成员出资、公积金、国家财政直接补助、他人捐赠以及合法取得的其他资产所形成的财产，享有占有、使用和处分的权利，并以上述财产对债务承担责任。

第六条　农民专业合作社成员以其账户内记载的出资额和公积金份额为限对农民专业合作社承担责任。

第七条　国家保障农民专业合作社享有与其他市场主体平等的法律地位。

国家保护农民专业合作社及其成员的合法权益，任何单位和个人不得侵犯。

第八条　农民专业合作社从事生产经营活动，应当遵守法律，遵守社会公德、商业道德，诚实守信，不得从事与章程规定无关的活动。

第九条　农民专业合作社为扩大生产经营和服务的规模，发展产业化经营，提高市场竞争力，可以依法自愿设立或者加入农民专业合作社联合社。

第十条　国家通过财政支持、税收优惠和金融、科技、人才的扶持以及产业政策引导等措施，促进农民专业合作社的发展。

国家鼓励和支持公民、法人和其他组织为农民专业合作社提供帮助和服务。

对发展农民专业合作社事业做出突出贡献的单位和个人，按照国家有关规定予以表彰和奖励。

第十一条　县级以上人民政府应当建立农民专业合作社工作的综合协调机制，统筹指导、协调、推动农民专业合作社的建设和发展。

县级以上人民政府农业主管部门、其他有关部门和组织应当依据各自职责，对农民专业合作社的建设和发展给予指导、扶持和服务。

第二章　设立和登记

第十二条　设立农民专业合作社，应当具备下列条件：

（一）有五名以上符合本法第十九条、第二十条规定的成员；

（二）有符合本法规定的章程；

（三）有符合本法规定的组织机构；

（四）有符合法律、行政法规规定的名称和章程确定的住所；

（五）有符合章程规定的成员出资。

第十三条　农民专业合作社成员可以用货币出资，也可以用实物、知识产权、土地经营权、林权等可以用货币估价并可以依法转让的非货币财产，以及章程规定的其他方式作价出资；但是，法律、行政法规规定不得作为出资的财产除外。

农民专业合作社成员不得以对该社或者其他成员的债权，充抵出资；不得以缴纳的出资，抵销对该社或者其他成员的债务。

第十四条　设立农民专业合作社，应当召开由全体设立人参加的设立大会。设立时自愿成为该社成员的人为设立人。

设立大会行使下列职权：

（一）通过本社章程，章程应当由全体设立人一致通过；

（二）选举产生理事长、理事、执行监事或者监事会成员；

（三）审议其他重大事项。

第十五条　农民专业合作社章程应当载明下列事项：

（一）名称和住所；

（二）业务范围；

（三）成员资格及入社、退社和除名；

（四）成员的权利和义务；

（五）组织机构及其产生办法、职权、任期、议事规则；

（六）成员的出资方式、出资额，成员出资的转让、继承、担保；

（七）财务管理和盈余分配、亏损处理；

（八）章程修改程序；

（九）解散事由和清算办法；

（十）公告事项及发布方式；

（十一）附加表决权的设立、行使方式和行使范围；

（十二）需要载明的其他事项。

第十六条　设立农民专业合作社，应当向工商行政管理部门提交下列文件，申请设立登记：

（一）登记申请书；

（二）全体设立人签名、盖章的设立大会纪要；

（三）全体设立人签名、盖章的章程；

（四）法定代表人、理事的任职文件及身份证明；

（五）出资成员签名、盖章的出资清单；

（六）住所使用证明；

（七）法律、行政法规规定的其他文件。

登记机关应当自受理登记申请之日起二十日内办理完毕，向符合登记条件的申请者颁发营业执照，登记类型为农民专业合作社。

农民专业合作社法定登记事项变更的，应当申请变更登记。

登记机关应当将农民专业合作社的登记信息通报同级农业等有关部门。

农民专业合作社登记办法由国务院规定。办理登记不得收取费用。

第十七条　农民专业合作社应当按照国家有关规定，向登记机关报送年度报告，并向社会公示。

第十八条　农民专业合作社可以依法向公司等企业投资，以其出资额为限对所投资企业承担责任。

第三章　成　　员

第十九条　具有民事行为能力的公民，以及从事与农民专业合作社业务直接有关的生产经营活动的企业、事业单位或者社会组织，能够利用农民专业合作社提供的服务，承认并遵守农民专业合作社章程，履行章程规定的入社手续的，可以成为农民专业合作社的成员。但是，具有管理公共事务职能的单位不得加入农民专业合作社。

农民专业合作社应当置备成员名册，并报登记机关。

第二十条　农民专业合作社的成员中，农民至少应当占成员总数的百分之八十。

成员总数二十人以下的，可以有一个企业、事业单位或者社会组织成员；成员总数超过二十人的，企业、事业单位和社会组织成员不得超过成员总数的百分之五。

第二十一条　农民专业合作社成员享有下列权利：

（一）参加成员大会，并享有表决权、选举权和被选举权，按照章程规定对本社实行民主管理；

（二）利用本社提供的服务和生产经营设施；

（三）按照章程规定或者成员大会决议分享盈余；

（四）查阅本社的章程、成员名册、成员大会或者成员代表大会记录、理事会会议决议、监事会会议决议、财务会计报告、会计账簿和财务审计报告；

（五）章程规定的其他权利。

第二十二条　农民专业合作社成员大会选举和表决，实行一人一票制，成员各享有一票的基本表决权。

出资额或者与本社交易量（额）较大的成员按照章程规定，可以享有附加表决权。本社的附加表决权总票数，不得超过本社成员基本表决权总票数的百分之二十。享有附加表决权的成员及其享有的附加表决权数，应当在每次成员大会召开时告知出席会议的全体成员。

第二十三条　农民专业合作社成员承担下列义务：

（一）执行成员大会、成员代表大会和理事会的决议；

（二）按照章程规定向本社出资；

（三）按照章程规定与本社进行交易；

（四）按照章程规定承担亏损；

（五）章程规定的其他义务。

第二十四条　符合本法第十九条、第二十条规定的公民、企业、事业单位或者社会组织，要求加入已成立的农民专业合作社，应当向理事长或者理事会提出书面申请，经成员大会或者成员代表大会表决通过后，成为本社成员。

第二十五条　农民专业合作社成员要求退社的，应当在会计年度终了的三个月前向理事长或者理事会提出书面申请；其中，企业、事业单位或者社会组织成员退社，应当在会计年度终了的六个月前提出；章程另有规定的，从其规定。退社成员的成员资格自会计年度终了时终止。

第二十六条　农民专业合作社成员不遵守农民专业合作社的章程、成员大会或者成员代表大会的决议，或者严重危害其他成员及农民专业合作社利益的，可以予以除名。

成员的除名，应当经成员大会或者成员代表大会表决通过。

在实施前款规定时，应当为该成员提供陈述意见的机会。

被除名成员的成员资格自会计年度终了时终止。

第二十七条　成员在其资格终止前与农民专业合作社已订立的合同，应当继续履行；章程另有规定或者与本社另有约定的除外。

第二十八条　成员资格终止的，农民专业合作社应当按照章程规定的方式和期限，退还记载在该成员账户内的出资额和公积金份额；对成员资格终止前的可分配盈余，依照本法第四十四条的规定向其返还。

资格终止的成员应当按照章程规定分摊资格终止前本社的亏损及债务。

第四章 组织机构

第二十九条 农民专业合作社成员大会由全体成员组成，是本社的权力机构，行使下列职权：

（一）修改章程；

（二）选举和罢免理事长、理事、执行监事或者监事会成员；

（三）决定重大财产处置、对外投资、对外担保和生产经营活动中的其他重大事项；

（四）批准年度业务报告、盈余分配方案、亏损处理方案；

（五）对合并、分立、解散、清算，以及设立、加入联合社等作出决议；

（六）决定聘用经营管理人员和专业技术人员的数量、资格和任期；

（七）听取理事长或者理事会关于成员变动情况的报告，对成员的入社、除名等作出决议；

（八）公积金的提取及使用；

（九）章程规定的其他职权。

第三十条 农民专业合作社召开成员大会，出席人数应当达到成员总数三分之二以上。

成员大会选举或者作出决议，应当由本社成员表决权总数过半数通过；作出修改章程或者合并、分立、解散，以及设立、加入联合社的决议应当由本社成员表决权总数的三分之二以上通过。章程对表决权数有较高规定的，从其规定。

第三十一条 农民专业合作社成员大会每年至少召开一次，会议的召集由章程规定。有下列情形之一的，应当在二十日内召开临时成员大会：

（一）百分之三十以上的成员提议；

（二）执行监事或者监事会提议；

（三）章程规定的其他情形。

第三十二条 农民专业合作社成员超过一百五十人的，可以按照章程规定设立成员代表大会。成员代表大会按照章程规定可以行使成员大会的部分或者全部职权。

依法设立成员代表大会的，成员代表人数一般为成员总人数的百分之十，最低人数为五十一人。

第三十三条 农民专业合作社设理事长一名，可以设理事会。理事长为本社的法定代表人。

农民专业合作社可以设执行监事或者监事会。理事长、理事、经理和财务会计人员不得兼任监事。

理事长、理事、执行监事或者监事会成员，由成员大会从本社成员中选举产生，依照本法和章程的规定行使职权，对成员大会负责。

理事会会议、监事会会议的表决，实行一人一票。

第三十四条　农民专业合作社的成员大会、成员代表大会、理事会、监事会，应当将所议事项的决定作成会议记录，出席会议的成员、成员代表、理事、监事应当在会议记录上签名。

第三十五条　农民专业合作社的理事长或者理事会可以按照成员大会的决定聘任经理和财务会计人员，理事长或者理事可以兼任经理。经理按照章程规定或者理事会的决定，可以聘任其他人员。

经理按照章程规定和理事长或者理事会授权，负责具体生产经营活动。

第三十六条　农民专业合作社的理事长、理事和管理人员不得有下列行为：

（一）侵占、挪用或者私分本社资产；

（二）违反章程规定或者未经成员大会同意，将本社资金借贷给他人或者以本社资产为他人提供担保；

（三）接受他人与本社交易的佣金归为己有；

（四）从事损害本社经济利益的其他活动。

理事长、理事和管理人员违反前款规定所得的收入，应当归本社所有；给本社造成损失的，应当承担赔偿责任。

第三十七条　农民专业合作社的理事长、理事、经理不得兼任业务性质相同的其他农民专业合作社的理事长、理事、监事、经理。

第三十八条　执行与农民专业合作社业务有关公务的人员，不得担任农民专业合作社的理事长、理事、监事、经理或者财务会计人员。

第五章　财务管理

第三十九条　农民专业合作社应当按照国务院财政部门制定的财务会计制度进行财务管理和会计核算。

第四十条　农民专业合作社的理事长或者理事会应当按照章程规定，组织编制年度业务报告、盈余分配方案、亏损处理方案以及财务会计报告，于成员大会召开的十五日前，置备于办公地点，供成员查阅。

第四十一条　农民专业合作社与其成员的交易、与利用其提供的服务的非成员的交易，应当分别核算。

第四十二条　农民专业合作社可以按照章程规定或者成员大会决议从当年盈余中提取公积金。公积金用于弥补亏损、扩大生产经营或者转为成员出资。

每年提取的公积金按照章程规定量化为每个成员的份额。

第四十三条　农民专业合作社应当为每个成员设立成员账户，主要记载下列内容：

（一）该成员的出资额；

（二）量化为该成员的公积金份额；

（三）该成员与本社的交易量（额）。

第四十四条　在弥补亏损、提取公积金后的当年盈余，为农民专业合作社的可分配盈余。可分配盈余主要按照成员与本社的交易量（额）比例返还。

可分配盈余按成员与本社的交易量（额）比例返还的返还总额不得低于可分配盈余的百分之六十；返还后的剩余部分，以成员账户中记载的出资额和公积金份额，以及本社接受国家财政直接补助和他人捐赠形成的财产平均量化到成员的份额，按比例分配给本社成员。

经成员大会或者成员代表大会表决同意，可以将全部或者部分可分配盈余转为对农民专业合作社的出资，并记载在成员账户中。

具体分配办法按照章程规定或者经成员大会决议确定。

第四十五条　设立执行监事或者监事会的农民专业合作社，由执行监事或者监事会负责对本社的财务进行内部审计，审计结果应当向成员大会报告。

成员大会也可以委托社会中介机构对本社的财务进行审计。

第六章　合并、分立、解散和清算

第四十六条　农民专业合作社合并，应当自合并决议作出之日起十日内通知债权人。合并各方的债权、债务应当由合并后存续或者新设的组织承继。

第四十七条　农民专业合作社分立，其财产作相应的分割，并应当自分立决议作出之日起十日内通知债权人。分立前的债务由分立后的组织承担连带责任。但是，在分立前与债权人就债务清偿达成的书面协议另有约定的除外。

第四十八条　农民专业合作社因下列原因解散：

（一）章程规定的解散事由出现；

（二）成员大会决议解散；

（三）因合并或者分立需要解散；

（四）依法被吊销营业执照或者被撤销。

因前款第一项、第二项、第四项原因解散的，应当在解散事由出现之日起十五日内由成员大会推举成员组成清算组，开始解散清算。逾期不能组成清算组的，成员、债权人可以向人民法院申请指定成员组成清算组进行清算，人民法院应当受理该申请，并及时指定成员组成清算组进行清算。

第四十九条　清算组自成立之日起接管农民专业合作社，负责处理与清算有关未了结业务，清理财产和债权、债务，分配清偿债务后的剩余财产，代表农民专业合作社参与诉讼、仲裁或者其他法律程序，并在清算结束时办理注销登记。

第五十条　清算组应当自成立之日起十日内通知农民专业合作社成员和债权人，并于六十日内在报纸上公告。债权人应当自接到通知之日起三十日内，未接到通知的自公告之日起四十五日内，向清算组申报债权。如果在规定期间内全部成员、债权人均已收到通知，免除清算组的公告义务。

债权人申报债权，应当说明债权的有关事项，并提供证明材料。清算组应当对债权进行审查、登记。

在申报债权期间，清算组不得对债权人进行清偿。

第五十一条　农民专业合作社因本法第四十八条第一款的原因解散，或者人民法院受理破产申请时，不能办理成员退社手续。

第五十二条　清算组负责制定包括清偿农民专业合作社员工的工资及社会保险费用，清偿所欠税款和其他各项债务，以及分配剩余财产在内的清算方案，经成员大会通过或者申请人民法院确认后实施。

清算组发现农民专业合作社的财产不足以清偿债务的，应当依法向人民法院申请破产。

第五十三条　农民专业合作社接受国家财政直接补助形成的财产，在解散、破产清算时，不得作为可分配剩余资产分配给成员，具体按照国务院财政部门有关规定执行。

第五十四条　清算组成员应当忠于职守，依法履行清算义务，因故意或者重大过失给农民专业合作社成员及债权人造成损失的，应当承担赔偿责任。

第五十五条　农民专业合作社破产适用企业破产法的有关规定。但是，破产财产在清偿破产费用和共益债务后，应当优先清偿破产前与农民成员已发生交易但尚未结清的款项。

第七章　农民专业合作社联合社

第五十六条　三个以上的农民专业合作社在自愿的基础上，可以出资设立农民专业合作社联合社。

农民专业合作社联合社应当有自己的名称、组织机构和住所，由联合社全体成员制定并承认的章程，以及符合章程规定的成员出资。

第五十七条　农民专业合作社联合社依照本法登记，取得法人资格，领取营业执照，登记类型为农民专业合作社联合社。

第五十八条　农民专业合作社联合社以其全部财产对该社的债务承担责任；农民专业合作社联合社的成员以其出资额为限对农民专业合作社联合社承担责任。

第五十九条　农民专业合作社联合社应当设立由全体成员参加的成员大会，其职权包括修改农民专业合作社联合社章程，选举和罢免农民专业合作社联合社理事长、理事和监事，决定农民专业合作社联合社的经营方案及盈余分配，决定对外投资和担保方案等重大事项。

农民专业合作社联合社不设成员代表大会，可以根据需要设立理事会、监事会或者执行监事。理事长、理事应当由成员社选派的人员担任。

第六十条　农民专业合作社联合社的成员大会选举和表决，实行一社一票。

第六十一条　农民专业合作社联合社可分配盈余的分配办法，按照本法规定的原则由农民专业合作社联合社章程规定。

第六十二条　农民专业合作社联合社成员退社，应当在会计年度终了的六个月前以书面形式向理事会提出。退社成员的成员资格自会计年度终了时终止。

第六十三条　本章对农民专业合作社联合社没有规定的，适用本法关于农民专业合作社的规定。

第八章　扶持措施

第六十四条　国家支持发展农业和农村经济的建设项目，可以委托和安排有条件的农民专业合作社实施。

第六十五条　中央和地方财政应当分别安排资金，支持农民专业合作社开展信息、培训、农产品标准与认证、农业生产基础设施建设、市场营销和技术推广等服务。国家对革命老区、民族地区、边疆地区和贫困地区的农民专业合作社给予优先扶助。

县级以上人民政府有关部门应当依法加强对财政补助资金使用情况的监督。

第六十六条　国家政策性金融机构应当采取多种形式，为农民专业合作社提供多渠道的资金支持。具体支持政策由国务院规定。

国家鼓励商业性金融机构采取多种形式，为农民专业合作社及其成员提供金融服务。

国家鼓励保险机构为农民专业合作社提供多种形式的农业保险服务。鼓励农民专业合作社依法开展互助保险。

第六十七条　农民专业合作社享受国家规定的对农业生产、加工、流通、服务和其他涉农经济活动相应的税收优惠。

第六十八条　农民专业合作社从事农产品初加工用电执行农业生产用电价格，农民专业合作社生产性配套辅助设施用地按农用地管理，具体办法由国务院有关部门规定。

第九章　法律责任

第六十九条　侵占、挪用、截留、私分或者以其他方式侵犯农民专业合作社及其成员的合法财产，非法干预农民专业合作社及其成员的生产经营活动，向农民专业合作社及其成员摊派，强迫农民专业合作社及其成员接受有偿服务，造成农民专业合作社经济损失的，依法追究法律责任。

第七十条　农民专业合作社向登记机关提供虚假登记材料或者采取其他欺诈手段取得登记的，由登记机关责令改正，可以处五千元以下罚款；情节严重的，撤销登记或者吊销营业执照。

第七十一条　农民专业合作社连续两年未从事经营活动的，吊销其营业执照。

第七十二条　农民专业合作社在依法向有关主管部门提供的财务报告等材料中，作虚假记载或者隐瞒重要事实的，依法追究法律责任。

第十章　附　　则

第七十三条　国有农场、林场、牧场、渔场等企业中实行承包租赁经营、从事农业生产经营或者服务的职工，兴办农民专业合作社适用本法。

第七十四条　本法自2018年7月1日起施行。

6.《农村土地承包经营纠纷调解仲裁法》

第一章　总　　则

第一条　为了公正、及时解决农村土地承包经营纠纷，维护当事人的合法权益，促进农村经济发展和社会稳定，制定本法。

第二条　农村土地承包经营纠纷调解和仲裁，适用本法。

农村土地承包经营纠纷包括：

（一）因订立、履行、变更、解除和终止农村土地承包合同发生的纠纷；

（二）因农村土地承包经营权转包、出租、互换、转让、入股等流转发生的纠纷；

（三）因收回、调整承包地发生的纠纷；

（四）因确认农村土地承包经营权发生的纠纷；

（五）因侵害农村土地承包经营权发生的纠纷；

（六）法律、法规规定的其他农村土地承包经营纠纷。

因征收集体所有的土地及其补偿发生的纠纷，不属于农村土地承包仲裁委员会的受理范围，可以通过行政复议或者诉讼等方式解决。

第三条　发生农村土地承包经营纠纷的，当事人可以自行和解，也可以请求村民委员会、乡（镇）人民政府等调解。

第四条　当事人和解、调解不成或者不愿和解、调解的，可以向农村土地承包仲裁委员会申请仲裁，也可以直接向人民法院起诉。

第五条　农村土地承包经营纠纷调解和仲裁，应当公开、公平、公正，便民高效，根据事实，符合法律，尊重社会公德。

第六条　县级以上人民政府应当加强对农村土地承包经营纠纷调解和仲裁工作的指导。

县级以上人民政府农村土地承包管理部门及其他有关部门应当依照职责分

工，支持有关调解组织和农村土地承包仲裁委员会依法开展工作。

第二章　调　　解

第七条　村民委员会、乡（镇）人民政府应当加强农村土地承包经营纠纷的调解工作，帮助当事人达成协议解决纠纷。

第八条　当事人申请农村土地承包经营纠纷调解可以书面申请，也可以口头申请。口头申请的，由村民委员会或者乡（镇）人民政府当场记录申请人的基本情况、申请调解的纠纷事项、理由和时间。

第九条　调解农村土地承包经营纠纷，村民委员会或者乡（镇）人民政府应当充分听取当事人对事实和理由的陈述，讲解有关法律以及国家政策，耐心疏导，帮助当事人达成协议。

第十条　经调解达成协议的，村民委员会或者乡（镇）人民政府应当制作调解协议书。

调解协议书由双方当事人签名、盖章或者按指印，经调解人员签名并加盖调解组织印章后生效。

第十一条　仲裁庭对农村土地承包经营纠纷应当进行调解。调解达成协议的，仲裁庭应当制作调解书；调解不成的，应当及时作出裁决。

调解书应当写明仲裁请求和当事人协议的结果。调解书由仲裁员签名，加盖农村土地承包仲裁委员会印章，送达双方当事人。

调解书经双方当事人签收后，即发生法律效力。在调解书签收前当事人反悔的，仲裁庭应当及时作出裁决。

第三章　仲　　裁

第一节　仲裁委员会和仲裁员

第十二条　农村土地承包仲裁委员会，根据解决农村土地承包经营纠纷的实际需要设立。农村土地承包仲裁委员会可以在县和不设区的市设立，也可以在设区的市或者其市辖区设立。

农村土地承包仲裁委员会在当地人民政府指导下设立。设立农村土地承包仲裁委员会的，其日常工作由当地农村土地承包管理部门承担。

第十三条　农村土地承包仲裁委员会由当地人民政府及其有关部门代表、有关人民团体代表、农村集体经济组织代表、农民代表和法律、经济等相关专业人员兼任组成，其中农民代表和法律、经济等相关专业人员不得少于组成人员的二分之一。

农村土地承包仲裁委员会设主任一人、副主任一至二人和委员若干人。主任、副主任由全体组成人员选举产生。

第十四条　农村土地承包仲裁委员会依法履行下列职责：

（一）聘任、解聘仲裁员；

（二）受理仲裁申请；

（三）监督仲裁活动。

农村土地承包仲裁委员会应当依照本法制定章程，对其组成人员的产生方式及任期、议事规则等作出规定。

第十五条　农村土地承包仲裁委员会应当从公道正派的人员中聘任仲裁员。

仲裁员应当符合下列条件之一：

（一）从事农村土地承包管理工作满五年；

（二）从事法律工作或者人民调解工作满五年；

（三）在当地威信较高，并熟悉农村土地承包法律以及国家政策的居民。

第十六条　农村土地承包仲裁委员会应当对仲裁员进行农村土地承包法律以及国家政策的培训。

省、自治区、直辖市人民政府农村土地承包管理部门应当制定仲裁员培训计划，加强对仲裁员培训工作的组织和指导。

第十七条　农村土地承包仲裁委员会组成人员、仲裁员应当依法履行职责，遵守农村土地承包仲裁委员会章程和仲裁规则，不得索贿受贿、徇私舞弊，不得侵害当事人的合法权益。

仲裁员有索贿受贿、徇私舞弊、枉法裁决以及接受当事人请客送礼等违法违纪行为的，农村土地承包仲裁委员会应当将其除名；构成犯罪的，依法追究刑事责任。

县级以上地方人民政府及有关部门应当受理对农村土地承包仲裁委员会组成人员、仲裁员违法违纪行为的投诉和举报，并依法组织查处。

第二节　申请和受理

第十八条　农村土地承包经营纠纷申请仲裁的时效期间为二年，自当事人知道或者应当知道其权利被侵害之日起计算。

第十九条　农村土地承包经营纠纷仲裁的申请人、被申请人为当事人。家庭承包的，可以由农户代表人参加仲裁。当事人一方人数众多的，可以推选代表人参加仲裁。

与案件处理结果有利害关系的，可以申请作为第三人参加仲裁，或者由农村土地承包仲裁委员会通知其参加仲裁。

当事人、第三人可以委托代理人参加仲裁。

第二十条　申请农村土地承包经营纠纷仲裁应当符合下列条件：

（一）申请人与纠纷有直接的利害关系；

（二）有明确的被申请人；

（三）有具体的仲裁请求和事实、理由；

（四）属于农村土地承包仲裁委员会的受理范围。

第二十一条　当事人申请仲裁，应当向纠纷涉及的土地所在地的农村土地承包仲裁委员会递交仲裁申请书。仲裁申请书可以邮寄或者委托他人代交。仲裁申请书应当载明申请人和被申请人的基本情况，仲裁请求和所根据的事实、理由，并提供相应的证据和证据来源。

书面申请确有困难的，可以口头申请，由农村土地承包仲裁委员会记入笔录，经申请人核实后由其签名、盖章或者按指印。

第二十二条　农村土地承包仲裁委员会应当对仲裁申请予以审查，认为符合本法第二十条规定的，应当受理。有下列情形之一的，不予受理；已受理的，终止仲裁程序：

（一）不符合申请条件；

（二）人民法院已受理该纠纷；

（三）法律规定该纠纷应当由其他机构处理；

（四）对该纠纷已有生效的判决、裁定、仲裁裁决、行政处理决定等。

第二十三条　农村土地承包仲裁委员会决定受理的，应当自收到仲裁申请之日起五个工作日内，将受理通知书、仲裁规则和仲裁员名册送达申请人；决定不予受理或者终止仲裁程序的，应当自收到仲裁申请或者发现终止仲裁程序情形之日起五个工作日内书面通知申请人，并说明理由。

第二十四条　农村土地承包仲裁委员会应当自受理仲裁申请之日起五个工作日内，将受理通知书、仲裁申请书副本、仲裁规则和仲裁员名册送达被申请人。

第二十五条　被申请人应当自收到仲裁申请书副本之日起十日内向农村土地承包仲裁委员会提交答辩书；书面答辩确有困难的，可以口头答辩，由农村土地承包仲裁委员会记入笔录，经被申请人核实后由其签名、盖章或者按指印。农村土地承包仲裁委员会应当自收到答辩书之日起五个工作日内将答辩书副本送达申请人。被申请人未答辩的，不影响仲裁程序的进行。

第二十六条　一方当事人因另一方当事人的行为或者其他原因，可能使裁决不能执行或者难以执行的，可以申请财产保全。

当事人申请财产保全的，农村土地承包仲裁委员会应当将当事人的申请提交被申请人住所地或者财产所在地的基层人民法院。

申请有错误的，申请人应当赔偿被申请人因财产保全所遭受的损失。

第三节　仲裁庭的组成

第二十七条　仲裁庭由三名仲裁员组成，首席仲裁员由当事人共同选定，其他二名仲裁员由当事人各自选定；当事人不能选定的，由农村土地承包仲裁委员会主任指定。

事实清楚、权利义务关系明确、争议不大的农村土地承包经营纠纷，经双方当事人同意，可以由一名仲裁员仲裁。仲裁员由当事人共同选定或者由农村土地承包仲裁委员会主任指定。

农村土地承包仲裁委员会应当自仲裁庭组成之日起二个工作日内将仲裁庭组成情况通知当事人。

第二十八条 仲裁员有下列情形之一的，必须回避，当事人也有权以口头或者书面方式申请其回避：

（一）是本案当事人或者当事人、代理人的近亲属；

（二）与本案有利害关系；

（三）与本案当事人、代理人有其他关系，可能影响公正仲裁；

（四）私自会见当事人、代理人，或者接受当事人、代理人的请客送礼。

当事人提出回避申请，应当说明理由，在首次开庭前提出。回避事由在首次开庭后知道的，可以在最后一次开庭终结前提出。

第二十九条 农村土地承包仲裁委员会对回避申请应当及时作出决定，以口头或者书面方式通知当事人，并说明理由。

仲裁员是否回避，由农村土地承包仲裁委员会主任决定；农村土地承包仲裁委员会主任担任仲裁员时，由农村土地承包仲裁委员会集体决定。

仲裁员因回避或者其他原因不能履行职责的，应当依照本法规定重新选定或者指定仲裁员。

第四节 开庭和裁决

第三十条 农村土地承包经营纠纷仲裁应当开庭进行。

庭可以在纠纷涉及的土地所在地的乡（镇）或者村进行，也可以在农村土地承包仲裁委员会所在地进行。当事人双方要求在乡（镇）或者村开庭的，应当在该乡（镇）或者村开庭。

开庭应当公开，但涉及国家秘密、商业秘密和个人隐私以及当事人约定不公开的除外。

第三十一条 仲裁庭应当在开庭五个工作日前将开庭的时间、地点通知当事人和其他仲裁参与人。

当事人有正当理由的，可以向仲裁庭请求变更开庭的时间、地点。是否变更，由仲裁庭决定。

第三十二条 当事人申请仲裁后，可以自行和解。达成和解协议的，可以请求仲裁庭根据和解协议作出裁决书，也可以撤回仲裁申请。

第三十三条 申请人可以放弃或者变更仲裁请求。被申请人可以承认或者反驳仲裁请求，有权提出反请求。

第三十四条 仲裁庭作出裁决前，申请人撤回仲裁申请的，除被申请人提出反请求的外，仲裁庭应当终止仲裁。

第三十五条 申请人经书面通知，无正当理由不到庭或者未经仲裁庭许可中途退庭的，可以视为撤回仲裁申请。

被申请人经书面通知，无正当理由不到庭或者未经仲裁庭许可中途退庭的，可以缺席裁决。

第三十六条　当事人在开庭过程中有权发表意见、陈述事实和理由、提供证据、进行质证和辩论。对不通晓当地通用语言文字的当事人，农村土地承包仲裁委员会应当为其提供翻译。

第三十七条　当事人应当对自己的主张提供证据。与纠纷有关的证据由作为当事人一方的发包方等掌握管理的，该当事人应当在仲裁庭指定的期限内提供，逾期不提供的，应当承担不利后果。

第三十八条　仲裁庭认为有必要收集的证据，可以自行收集。

第三十九条　仲裁庭对专门性问题认为需要鉴定的，可以交由当事人约定的鉴定机构鉴定；当事人没有约定的，由仲裁庭指定的鉴定机构鉴定。

根据当事人的请求或者仲裁庭的要求，鉴定机构应当派鉴定人参加开庭。当事人经仲裁庭许可，可以向鉴定人提问。

第四十条　证据应当在开庭时出示，但涉及国家秘密、商业秘密和个人隐私的证据不得在公开开庭时出示。

仲裁庭应当依照仲裁规则的规定开庭，给予双方当事人平等陈述、辩论的机会，并组织当事人进行质证。

经仲裁庭查证属实的证据，应当作为认定事实的根据。

第四十一条　在证据可能灭失或者以后难以取得的情况下，当事人可以申请证据保全。当事人申请证据保全的，农村土地承包仲裁委员会应当将当事人的申请提交证据所在地的基层人民法院。

第四十二条　对权利义务关系明确的纠纷，经当事人申请，仲裁庭可以先行裁定维持现状、恢复农业生产以及停止取土、占地等行为。

一方当事人不履行先行裁定的，另一方当事人可以向人民法院申请执行，但应当提供相应的担保。

第四十三条　仲裁庭应当将开庭情况记入笔录，由仲裁员、记录人员、当事人和其他仲裁参与人签名、盖章或者按指印。

当事人和其他仲裁参与人认为对自己陈述的记录有遗漏或者差错的，有权申请补正。如果不予补正，应当记录该申请。

第四十四条　仲裁庭应当根据认定的事实和法律以及国家政策作出裁决并制作裁决书。

裁决应当按照多数仲裁员的意见作出，少数仲裁员的不同意见可以记入笔录。仲裁庭不能形成多数意见时，裁决应当按照首席仲裁员的意见作出。

第四十五条　裁决书应当写明仲裁请求、争议事实、裁决理由、裁决结果、裁决日期以及当事人不服仲裁裁决的起诉权利、期限，由仲裁员签名，加盖农村土地承包仲裁委员会印章。

农村土地承包仲裁委员会应当在裁决作出之日起三个工作日内将裁决书送达当事人，并告知当事人不服仲裁裁决的起诉权利、期限。

第四十六条　仲裁庭依法独立履行职责，不受行政机关、社会团体和个人的干涉。

第四十七条　仲裁农村土地承包经营纠纷，应当自受理仲裁申请之日起六十日内结束；案情复杂需要延长的，经农村土地承包仲裁委员会主任批准可以延长，并书面通知当事人，但延长期限不得超过三十日。

第四十八条　当事人不服仲裁裁决的，可以自收到裁决书之日起三十日内向人民法院起诉。逾期不起诉的，裁决书即发生法律效力。

第四十九条　当事人对发生法律效力的调解书、裁决书，应当依照规定的期限履行。一方当事人逾期不履行的，另一方当事人可以向被申请人住所地或者财产所在地的基层人民法院申请执行。受理申请的人民法院应当依法执行。

第四章　附　　则

第五十条　本法所称农村土地，是指农民集体所有和国家所有依法由农民集体使用的耕地、林地、草地，以及其他依法用于农业的土地。

第五十一条　农村土地承包经营纠纷仲裁规则和农村土地承包仲裁委员会示范章程，由国务院农业、林业行政主管部门依照本法规定共同制定。

第五十二条　农村土地承包经营纠纷仲裁不得向当事人收取费用，仲裁工作经费纳入财政预算予以保障。

第五十三条　本法自2010年1月1日起施行。

7.《最高人民法院关于审理涉及农村土地承包纠纷案件适用法律问题的解释》

（法释〔2005〕6号）

中华人民共和国最高人民法院公告

《最高人民法院关于审理涉及农村土地承包纠纷案件适用法律问题的解释》已于2005年3月29日由最高人民法院审判委员会第1346次会议通过，现予公布，自2005年9月1日起施行。

二〇〇五年七月二十九日

根据《中华人民共和国民法通则》《中华人民共和国合同法》《中华人民共和国民事诉讼法》《中华人民共和国农村土地承包法》《中华人民共和国土地管理法》等法律的规定，结合民事审判实践，对审理涉及农村土地承包纠纷案件适用法律的若干问题解释如下。

一、受理与诉讼主体

第一条　下列涉及农村土地承包的民事纠纷，人民法院应当依法受理：

（一）承包合同纠纷；

（二）承包经营权侵权纠纷；

（三）承包经营权流转纠纷；

（四）承包地征收补偿费用分配纠纷；

（五）承包经营权继承纠纷。

集体经济组织成员因未实际取得土地承包经营权提起民事诉讼的，人民法院应当告知其向有关行政主管部门申请解决。

集体经济组织成员就用于分配的土地补偿费数额提起民事诉讼的，人民法院不予受理。

第二条　当事人自愿达成书面仲裁协议的，受诉人民法院应当参照最高人民法院《关于适用〈中华人民共和国民事诉讼法〉若干问题的意见》第145条至第148条的规定处理。

当事人未达成书面仲裁协议，一方当事人向农村土地承包仲裁机构申请仲裁，另一方当事人提起诉讼的，人民法院应予受理，并书面通知仲裁机构。但另一方当事人接受仲裁管辖后又起诉的，人民法院不予受理。

当事人对仲裁裁决不服并在收到裁决书之日起三十日内提起诉讼的，人民法院应予受理。

第三条　承包合同纠纷，以发包方和承包方为当事人。

前款所称承包方是指以家庭承包方式承包本集体经济组织农村土地的农户，以及以其他方式承包农村土地的单位或者个人。

第四条　农户成员为多人的，由其代表人进行诉讼。

农户代表人按照下列情形确定：

（一）土地承包经营权证等证书上记载的人；

（二）未依法登记取得土地承包经营权证等证书的，为在承包合同上签字的人；

（三）前两项规定的人死亡、丧失民事行为能力或者因其他原因无法进行诉讼的，为农户成员推选的人。

二、家庭承包纠纷案件的处理

第五条　承包合同中有关收回、调整承包地的约定违反农村土地承包法第二十六条、第二十七条、第三十条、第三十五条规定的，应当认定该约定无效。

第六条　因发包方违法收回、调整承包地，或者因发包方收回承包方弃耕、撂荒的承包地产生的纠纷，按照下列情形，分别处理：

（一）发包方未将承包地另行发包，承包方请求返还承包地的，应予支持；

（二）发包方已将承包地另行发包给第三人，承包方以发包方和第三人为共同被告，请求确认其所签订的承包合同无效、返还承包地并赔偿损失的，应予支持。但属于承包方弃耕、撂荒情形的，对其赔偿损失的诉讼请求，不予支持。

前款第（二）项所称的第三人，请求受益方补偿其在承包地上的合理投入的，应予支持。

第七条 承包合同约定或者土地承包经营权证等证书记载的承包期限短于农村土地承包法规定的期限，承包方请求延长的，应予支持。

第八条 承包方违反农村土地承包法第十七条规定，将承包地用于非农建设或者对承包地造成永久性损害，发包方请求承包方停止侵害、恢复原状或者赔偿损失的，应予支持。

第九条 发包方根据农村土地承包法第二十六条规定收回承包地前，承包方已经以转包、出租等形式将其土地承包经营权流转给第三人，且流转期限尚未届满，因流转价款收取产生的纠纷，按照下列情形，分别处理：

（一）承包方已经一次性收取了流转价款，发包方请求承包方返还剩余流转期限的流转价款的，应予支持；

（二）流转价款为分期支付，发包方请求第三人按照流转合同的约定支付流转价款的，应予支持。

第十条 承包方交回承包地不符合农村土地承包法第二十九条规定程序的，不得认定其为自愿交回。

第十一条 土地承包经营权流转中，本集体经济组织成员在流转价款、流转期限等主要内容相同的条件下主张优先权的，应予支持。但下列情形除外：

（一）在书面公示的合理期限内未提出优先权主张的；

（二）未经书面公示，在本集体经济组织以外的人开始使用承包地两个月内未提出优先权主张的。

第十二条 发包方强迫承包方将土地承包经营权流转给第三人，承包方请求确认其与第三人签订的流转合同无效的，应予支持。

发包方阻碍承包方依法流转土地承包经营权，承包方请求排除妨碍、赔偿损失的，应予支持。

第十三条 承包方未经发包方同意，采取转让方式流转其土地承包经营权的，转让合同无效。但发包方无法定理由不同意或者拖延表态的除外。

第十四条 承包方依法采取转包、出租、互换或者其他方式流转土地承包经营权，发包方仅以该土地承包经营权流转合同未报其备案为由，请求确认合同无效的，不予支持。

第十五条 承包方以其土地承包经营权进行抵押或者抵偿债务的，应当认定无效。对因此造成的损失，当事人有过错的，应当承担相应的民事责任。

第十六条 因承包方不收取流转价款或者向对方支付费用的约定产生纠纷，

当事人协商变更无法达成一致，且继续履行又显失公平的，人民法院可以根据发生变更的客观情况，按照公平原则处理。

第十七条　当事人对转包、出租地流转期限没有约定或者约定不明的，参照合同法第二百三十二条规定处理。除当事人另有约定或者属于林地承包经营外，承包地交回的时间应当在农作物收获期结束后或者下一耕种期开始前。

对提高土地生产能力的投入，对方当事人请求承包方给予相应补偿的，应予支持。

第十八条　发包方或者其他组织、个人擅自截留、扣缴承包收益或者土地承包经营权流转收益，承包方请求返还的，应予支持。

发包方或者其他组织、个人主张抵销的，不予支持。

三、其他方式承包纠纷的处理

第十九条　本集体经济组织成员在承包费、承包期限等主要内容相同的条件下主张优先承包权的，应予支持。但在发包方将农村土地发包给本集体经济组织以外的单位或者个人，已经法律规定的民主议定程序通过，并由乡（镇）人民政府批准后主张优先承包权的，不予支持。

第二十条　发包方就同一土地签订两个以上承包合同，承包方均主张取得土地承包经营权的，按照下列情形，分别处理：

（一）已经依法登记的承包方，取得土地承包经营权；

（二）均未依法登记的，生效在先合同的承包方取得土地承包经营权；

（三）依前两项规定无法确定的，已经根据承包合同合法占有使用承包地的人取得土地承包经营权，但争议发生后一方强行先占承包地的行为和事实，不得作为确定土地承包经营权的依据。

第二十一条　承包方未依法登记取得土地承包经营权证等证书，即以转让、出租、入股、抵押等方式流转土地承包经营权，发包方请求确认该流转无效的，应予支持。但非因承包方原因未登记取得土地承包经营权证等证书的除外。

承包方流转土地承包经营权，除法律或者本解释有特殊规定外，按照有关家庭承包土地承包经营权流转的规定处理。

四、土地征收补偿费用分配及土地承包经营权继承纠纷的处理

第二十二条　承包地被依法征收，承包方请求发包方给付已经收到的地上附着物和青苗的补偿费的，应予支持。

承包方已将土地承包经营权以转包、出租等方式流转给第三人的，除当事人另有约定外，青苗补偿费归实际投入人所有，地上附着物补偿费归附着物所有人所有。

第二十三条　承包地被依法征收，放弃统一安置的家庭承包方，请求发包方给付已经收到的安置补助费的，应予支持。

第二十四条　农村集体经济组织或者村民委员会、村民小组，可以依照法

律规定的民主议定程序，决定在本集体经济组织内部分配已经收到的土地补偿费。征地补偿安置方案确定时已经具有本集体经济组织成员资格的人，请求支付相应份额的，应予支持。但已报全国人大常委会、国务院备案的地方性法规、自治条例和单行条例、地方政府规章对土地补偿费在农村集体经济组织内部的分配办法另有规定的除外。

第二十五条　林地家庭承包中，承包方的继承人请求在承包期内继续承包的，应予支持。

其他方式承包中，承包方的继承人或者权利义务承受者请求在承包期内继续承包的，应予支持。

五、其他规定

第二十六条　人民法院在审理涉及本解释第五条、第六条第一款第（二）项及第二款、第十六条的纠纷案件时，应当着重进行调解。必要时可以委托人民调解组织进行调解。

第二十七条　本解释自2005年9月1日起施行。施行后受理的第一审案件，适用本解释的规定。

施行前已经生效的司法解释与本解释不一致的，以本解释为准。

第二节　法规政策类

1. 中共中央、国务院《关于当前农业和农村经济发展的若干政策措施》（1993年）

该文件明确规定：“为了稳定土地承包关系，鼓励农民增加投入，提高土地的生产率，在原定的耕地承包期到期之后，再延长30年不变。”

说到农村土地的承包政策，一个好的政策可以很好地调动农民的积极性，一个差的政策，效果就会相反。那么，农村土地第二轮承包的政策有哪些？第二轮土地承包必须坚持的原则是什么呢？

在第一轮土地承包过程中，有相当一部分地方签订了较为完善的承包合同，但在实际工作中，各地承包期真正达到15年的比较少。1993年，针对一些较早实行家庭承包经营的地方第一轮土地承包即将到期的实际情况，中共中央、国务院《关于当前农业和农村经济发展的若干政策措施》及时提出：“为了稳定土地承包关系，鼓励农民增加投入，提高土地的生产率，在原定的耕地承包期到期之后，再延长30年不变。”此后，全国各地农村陆续开展了延长土地承包期的工作，这就是通常所说的“第二轮土地承包”。截至1999年年底，全国已有94%左右的村组开展了第二轮土地承包工作，绝大多数地方已将土地承包经营权证书和承包合同签发到户。

农村第一轮土地承包已陆续到期，第二轮承包即将开始。国家对如何搞好第二轮土地承包给出了政策性规定。中共中央办公厅、国务院办公厅在《关于进一步稳定和完善农村土地承包关系的通知》中，重申了党中央关于“集体土地实行家庭联产承包制度，是一项长期不变的政策”和“土地承包期再延长30年不变”的基本政策，并对第二轮土地承包的具体政策作了明确规定。

农村第一轮土地承包从1983年前后开始到1997年止，承包期为15年。第二轮土地承包从1997年开始，土地承包期再延长30年不变。2002年颁布的农村土地承包法进一步明确规定，耕地的承包期为30年。中央提出“在第一轮承包到期的地方，都要无条件地延长30年不变”。第一轮承包是指实行家庭联产承包时算起，大部分地方第一轮承包时间为1980年，再延长30年，统一确定起始时间在1997年，这就是第二轮承包。因此，新一轮土地承包期统一确定至2027年12月31日止。

第二轮农村土地承包的政策主要包括：

（1）在第一轮土地承包到期后，土地承包期再延长30年不变，营造林地和“四荒”地治理等开发性生产的承包期可以更长。

（2）土地承包期再延长30年，是在第一轮土地承包的基础上进行的。开展延长土地承包期工作，要使绝大多数农户原有的承包土地继续保持稳定，不能将原来的承包地打乱重新发包，更不能随意打破原生产队土地所有权的界限，在全村范围内平均承包。

（3）已经做了延长土地承包期工作的地方，承包期限不足30年的，要延长到30年。

（4）土地承包“大稳定、小调整”的前提是稳定。“小调整”应坚持以下几条原则，小调整只限于人地矛盾突出的个别农户，不能对所有农户进行普遍调整。不得利用“小调整”提高承包费，增加农民负担。

第二轮土地承包必须坚持的原则是：

（1）农村土地集体所有和土地权属关系不变。

（2）集体土地的农业用途不变。

（3）土地承包关系长期不变。

（4）有利于发展和壮大农村集体经济。

（5）尊重农民群众的意愿。

第二轮农村土地承包给广大农民吃了一颗“定心丸”，对稳定农民的土地使用权、增加农民的积极性、保护耕地都有较大的促进作用。

综上所述，关于农村土地第二轮承包，它的时间期限是30年，新一轮土地承包期统一确定至2027年12月31日止，承包期限不足30年的，要延长到30年。另外，农村土地第二轮承包政策，无疑可以帮助调动农民的积极性，促进经济的发展。

2.《国务院关于开展农村承包土地的经营权和农民住房财产权抵押贷款试点的指导意见》（国发〔2015〕45号）

各省、自治区、直辖市人民政府，国务院各部委、各直属机构：

为进一步深化农村金融改革创新，加大对“三农”的金融支持力度，引导农村土地经营权有序流转，慎重稳妥推进农民住房财产权抵押、担保、转让试点，做好农村承包土地（指耕地）的经营权和农民住房财产权（以下统称“两权”）抵押贷款试点工作，现提出以下意见。

一、总体要求

（一）指导思想。

全面贯彻党的十八大和十八届三中、四中全会精神，深入落实党中央、国务院决策部署，按照所有权、承包权、经营权三权分置和经营权流转有关要求，以落实农村土地的用益物权、赋予农民更多财产权利为出发点，深化农村金融改革创新，稳妥有序开展“两权”抵押贷款业务，有效盘活农村资源、资金、资产，增加农业生产中长期和规模化经营的资金投入，为稳步推进农村土地制度改革提供经验和模式，促进农民增收致富和农业现代化加快发展。

（二）基本原则。

一是依法有序。“两权”抵押贷款试点要坚持于法有据，遵守土地管理法、城市房地产管理法等有关法律法规和政策要求，先在批准范围内开展，待试点积累经验后再稳步推广。涉及被突破的相关法律条款，应提请全国人大常委会授权在试点地区暂停执行。

二是自主自愿。切实尊重农民意愿，“两权”抵押贷款由农户等农业经营主体自愿申请，确保农民群众成为真正的知情者、参与者和受益者。流转土地的经营权抵押需经承包农户同意，抵押仅限于流转期内的收益。金融机构要在财务可持续基础上，按照有关规定自主开展“两权”抵押贷款业务。

三是稳妥推进。在维护农民合法权益前提下，妥善处理好农民、农村集体经济组织、金融机构、政府之间的关系，慎重稳妥推进农村承包土地的经营权抵押贷款试点和农民住房财产权抵押、担保、转让试点工作。

四是风险可控。坚守土地公有制性质不改变、耕地红线不突破、农民利益不受损的底线。完善试点地区确权登记颁证、流转平台搭建、风险补偿和抵押物处置机制等配套政策，防范、控制和化解风险，确保试点工作顺利平稳实施。

二、试点任务

（一）赋予“两权”抵押融资功能，维护农民土地权益。在防范风险、遵守有关法律法规和农村土地制度改革等政策基础上，稳妥有序开展“两权”抵押贷款试点。加强制度建设，引导和督促金融机构始终把维护好、实现好、发展好农民土地权益作为改革试点的出发点和落脚点，落实“两权”抵押融资功能，明确贷款对象、贷款用途、产品设计、抵押价值评估、抵押物处置等业务要点，盘活农民土地用益物权的财产属性，加大金融对“三农”的支持力度。

（二）推进农村金融产品和服务方式创新，加强农村金融服务。金融机构要结合“两权”的权能属性，在贷款利率、期限、额度、担保、风险控制等方面加大创新支持力度，简化贷款管理流程，扎实推进“两权”抵押贷款业务，切实满足农户等农业经营主体对金融服务的有效需求。鼓励金融机构在农村承包土地的经营权剩余使用期限内发放中长期贷款，有效增加农业生产的中长期信贷投入。鼓励对经营规模适度的农业经营主体发放贷款。

（三）建立抵押物处置机制，做好风险保障。因借款人不履行到期债务或者发生当事人约定的情形需要实现抵押权时，允许金融机构在保证农户承包权和基本住房权利前提下，依法采取多种方式处置抵押物。完善抵押物处置措施，确保当借款人不履行到期债务或者发生当事人约定的情形时，承贷银行能顺利实现抵押权。农民住房财产权（含宅基地使用权）抵押贷款的抵押物处置应与商品住房制定差别化规定。探索农民住房财产权抵押担保中宅基地权益的实现方式和途径，保障抵押权人合法权益。对农民住房财产权抵押贷款的抵押物处置，受让人原则上应限制在相关法律法规和国务院规定的范围内。

（四）完善配套措施，提供基础支撑。试点地区要加快推进农村土地承包经营权、宅基地使用权和农民住房所有权确权登记颁证，探索对通过流转取得的农村承包土地的经营权进行确权登记颁证。农民住房财产权设立抵押的，需将宅基地使用权与住房所有权一并抵押。按照党中央、国务院确定的宅基地制度改革试点工作部署，探索建立宅基地使用权有偿转让机制。依托相关主管部门建立完善多级联网的农村土地产权交易平台，建立“两权”抵押、流转、评估的专业化服务机制，支持以各种合法方式流转的农村承包土地的经营权用于抵押。建立健全农村信用体系，有效调动和增强金融机构支农的积极性。

（五）加大扶持和协调配合力度，增强试点效果。人民银行要支持金融机构积极稳妥参与试点，对符合条件的农村金融机构加大支农再贷款支持力度。银行业监督管理机构要研究差异化监管政策，合理确定资本充足率、贷款分类等方面的计算规则和激励政策，支持金融机构开展“两权”抵押贷款业务。试点地区要结合实际，采取利息补贴、发展政府支持的担保公司、利用农村土地产权交易平台提供担保、设立风险补偿基金等方式，建立“两权”抵押贷款风险缓释及补偿机制。保险监督管理机构要进一步完善农业保险制度，大力推进农业保险和农民住房保险工作，扩大保险覆盖范围，充分发挥保险的风险保障作用。

三、组织实施

（一）加强组织领导。中国人民银行会同中央农办、发展改革委、财政部、国土资源部、住房城乡建设部、农业部、税务总局、林业局、法制办、银监会、保监会等单位，按职责分工成立农村承包土地的经营权抵押贷款试点工作指导小组和农民住房财产权抵押贷款试点工作指导小组（以下统称指导小组），切实落实党中央、国务院对“两权”抵押贷款试点工作的各项要求，按照本意见指导地方人民政府开展试点，并做好专项统计、跟踪指导、评估总结等相关工作。指导小组办公室设在人民银行。

（二）选择试点地区。“两权”抵押贷款试点以县（市、区）行政区域为单位。农村承包土地的经营权抵押贷款试点主要在农村改革试验区、现代农业示范区等农村土地经营权流转较好的地区开展；农民住房财产权抵押贷款试点原则上选择国土资源部牵头确定的宅基地制度改革试点地区开展。省级人民政府按照封闭运行、风险可控原则向指导小组办公室推荐试点县（市、区），经指导小组审定后开展试点。各省（区、市）可根据当地实际，分别或同时申请开展农村承包土地的经营权抵押贷款试点和农民住房财产权抵押贷款试点。

（三）严格试点条件。“两权”抵押贷款试点地区应满足以下条件：一是农村土地承包经营权、宅基地使用权和农民住房所有权确权登记颁证率高，农村产权流转交易市场健全，交易行为公开规范，具备较好基础和支撑条件；二是农户土地流转意愿较强，农业适度规模经营势头良好，具备规模经济效益；三是农村信用环境较好，配套政策较为健全。

（四）规范试点运行。人民银行、银监会会同相关单位，根据本意见出台农村承包土地的经营权抵押贷款试点管理办法和农民住房财产权抵押贷款试点管理办法。银行业金融机构根据本意见和金融管理部门制定的“两权”抵押贷款试点管理办法，建立相应的信贷管理制度并制定实施细则。试点地区成立试点工作小组，严格落实试点条件，制定具体实施意见、支持政策，经省级人民政府审核后，送指导小组备案。集体林地经营权抵押贷款和草地经营权抵押贷款业务可参照本意见执行。

（五）做好评估总结。认真总结试点经验，及时提出制定修改相关法律法规、政策的建议，加快推动修改完善相关法律法规。中国人民银行牵头负责对试点工作进行跟踪、监督和指导，开展年度评估。试点县（市、区）应提交总结报告和政策建议，由省级人民政府送指导小组。指导小组形成全国试点工作报告，提出相关政策建议。全部试点工作于2017年年底前完成。

（六）取得法律授权。试点涉及突破《中华人民共和国物权法》第一百八十四条、《中华人民共和国担保法》第三十七条等相关法律条款，由国务院按程序提请全国人大常委会授权，允许试点地区在试点期间暂停执行相关法律条款。

3. 农业部关于印发《农村承包土地的经营权抵押贷款试点暂行办法》的通知

为依法稳妥规范推进农村承包土地的经营权抵押贷款试点，根据《国务院关于开展农村承包土地的经营权和农民住房财产权抵押贷款试点的指导意见》（国发〔2015〕45号）和《全国人大常委会关于授权国务院在北京市大兴区等232个试点县（市、区）、天津市蓟县等59个试点县（市、区）行政区域分别暂时调整实施有关法律规定的决定》精神，现将《农村承包土地的经营权抵押贷款试点暂行办法》（附件1）和《农村承包土地的经营权抵押贷款试点县（市、区）名单》（附件2）印发给你们，请结合实际认真贯彻落实。

4.《农村承包土地的经营权抵押贷款试点暂行办法》

第一条　为依法稳妥规范推进农村承包土地的经营权抵押贷款试点，加大金融对"三农"的有效支持，保护借贷当事人合法权益，根据《国务院关于开展农村承包土地的经营权和农民住房财产权抵押贷款试点的指导意见》（国发〔2015〕45号）和《全国人民代表大会常务委员会关于授权国务院在北京市大兴区等232个试点县（市、区）、天津市蓟县等59个试点县（市、区）行政区域分别暂时调整实施有关法律规定的决定》等政策规定，制定本办法。

第二条　本办法所称农村承包土地的经营权抵押贷款，是指以承包土地的经营权作抵押、由银行业金融机构（以下称贷款人）向符合条件的承包方农户或农业经营主体发放的、在约定期限内还本付息的贷款。

第三条　本办法所称试点地区是指《全国人民代表大会常务委员会关于授权国务院在北京市大兴区等232个试点县（市、区）、天津市蓟县等59个试点县（市、区）行政区域分别暂时调整实施有关法律规定的决定》明确授权开展农村承包土地的经营权抵押贷款试点的县（市、区）。

第四条　农村承包土地的经营权抵押贷款试点坚持不改变土地公有制性质、不突破耕地红线、不损害农民利益、不层层下达规模指标。

第五条　符合本办法第六条、第七条规定条件、通过家庭承包方式依法取得土地承包经营权和通过合法流转方式获得承包土地的经营权的农户及农业经营主体（以下称借款人），均可按程序向银行业金融机构申请农村承包土地的经营权抵押贷款。

第六条　通过家庭承包方式取得土地承包经营权的农户以其获得的土地经营权作抵押申请贷款的，应同时符合以下条件：

（一）具有完全民事行为能力，无不良信用记录；

（二）用于抵押的承包土地没有权属争议；

（三）依法拥有县级以上人民政府或政府相关主管部门颁发的土地承包经营

权证；

（四）承包方已明确告知发包方承包土地的抵押事宜。

第七条　通过合法流转方式获得承包土地的经营权的农业经营主体申请贷款的，应同时符合以下条件：

（一）具备农业生产经营管理能力，无不良信用记录；

（二）用于抵押的承包土地没有权属争议；

（三）已经与承包方或者经承包方书面委托的组织或个人签订了合法有效的经营权流转合同，或依流转合同取得了土地经营权权属确认证明，并已按合同约定方式支付了土地租金；

（四）承包方同意承包土地的经营权可用于抵押及合法再流转；

（五）承包方已明确告知发包方承包土地的抵押事宜。

第八条　借款人获得的承包土地经营权抵押贷款，应主要用于农业生产经营等贷款人认可的合法用途。

第九条　贷款人应当统筹考虑借款人信用状况、借款需求与偿还能力、承包土地经营权价值及流转方式等因素，合理自主确定承包土地的经营权抵押贷款抵押率和实际贷款额度。鼓励贷款人对诚实守信、有财政贴息或农业保险等增信手段支持的借款人，适当提高贷款抵押率。

第十条　贷款人应参考人民银行公布的同期同档次基准利率，结合借款人的实际情况合理自主确定承包土地的经营权抵押贷款的利率。

第十一条　贷款人应综合考虑承包土地经营权可抵押期限、贷款用途、贷款风险、土地流转期内租金支付方式等因素合理自主确定贷款期限。鼓励贷款人在农村承包土地的经营权剩余使用期限内发放中长期贷款，有效增加农业生产的中长期信贷投入。

第十二条　借贷双方可采取委托第三方评估机构评估、贷款人自评估或者借贷双方协商等方式，公平、公正、客观、合理确定农村土地经营权价值。

第十三条　鼓励贷款人因地制宜，针对借款人需求积极创新信贷产品和服务方式，简化贷款手续，加强贷款风险控制，全面提高贷款服务质量和效率。在承包土地的经营权抵押合同约定的贷款利率之外不得另外或变相增加其他借款费用。

第十四条　借贷双方要按试点地区规定，在试点地区农业主管部门或试点地区政府授权的农村产权流转交易平台办理承包土地的经营权抵押登记。受理抵押登记的部门应当对用于抵押的承包土地的经营权权属进行审核、公示。

第十五条　因借款人不履行到期债务，或者按借贷双方约定的情形需要依法行使抵押权的，贷款人可依法采取贷款重组、按序清偿、协议转让、交易平台挂牌再流转等多种方式处置抵押物，抵押物处置收益应由贷款人优先受偿。

第十六条　试点地区政府要依托公共资源管理平台，推进建立县（区）、乡

（镇、街道）等多级联网的农村产权流转交易平台，建立承包土地的经营权抵押、流转、评估和处置的专业化服务机制，完善承包土地的经营权价值评估体系，推动承包土地的经营权流转交易公开、公正、规范运行。

第十七条　试点地区政府要加快推进行政辖区内农村土地承包经营权确权登记颁证，鼓励探索通过合同鉴证、登记颁证等方式对流转取得的农村承包土地的经营权进行权属确认。

第十八条　鼓励试点地区政府设立农村承包土地的经营权抵押贷款风险补偿基金，用于分担地震、冰雹、严重旱涝等不可抗力造成的贷款损失，或根据地方财力对农村承包土地的经营权抵押贷款给予适当贴息，增强贷款人放贷激励。

第十九条　鼓励试点地区通过政府性担保公司提供担保、农村产权交易平台提供担保等多种方式，为农村承包土地的经营权抵押贷款主体融资增信。

第二十条　试点地区农业主管部门要组织做好流转合同鉴证评估、农村产权交易平台搭建、承包土地的经营权价值评估、抵押物处置等配套工作。

第二十一条　试点地区人民银行分支机构对开展农村承包土地的经营权抵押贷款业务取得良好效果的贷款人加大支农再贷款支持力度。

第二十二条　银行业监督管理机构要统筹研究，合理确定承包土地经营权抵押贷款的风险权重、资本计提、贷款分类等方面的计算规则和激励政策，支持贷款人开展承包土地的经营权抵押贷款业务。

第二十三条　保险监督管理机构要加快完善农业保险政策，积极扩大试点地区农业保险品种和覆盖范围。通过探索开展农村承包土地的经营权抵押贷款保证保险业务等多种方式，为借款人提供增信支持。

第二十四条　各试点地区试点工作小组要加强统筹协调，靠实职责分工，扎实做好辖内试点组织实施、跟踪指导和总结评估。试点期间各省（区、市）年末形成年度试点总结报告，要于每年1月底前（遇节假日顺延）以省级人民政府名义送试点指导小组。

第二十五条　人民银行分支机构会同银行业监督管理机构等部门加强试点监测、业务指导和评估总结。试点县（市、区）应提交季度总结报告和政策建议，由人民银行副省级城市中心支行以上分支机构会同银监局汇总，于季后20个工作日内报送试点指导小组办公室，印送试点指导小组各成员单位。

第二十六条　各银行业金融机构可根据本办法有关规定制定农村承包土地的经营权抵押贷款业务管理制度及实施细则，并抄报人民银行和银行业监督管理机构。

第二十七条　对于以承包土地的经营权为他人贷款提供担保的以及没有承包到户的农村集体土地（指耕地）的经营权用于抵押的，可参照本办法执行。

第二十八条　本办法由中国人民银行、银监会会同试点指导小组相关成员单位负责解释。

第二十九条 本办法自发布之日起施行。

5.《湖南省人民政府办公厅关于开展农村土地承包经营权确权登记颁证工作的意见》

湘办发〔2015〕37号

为认真贯彻落实《中共中央办公厅国务院办公厅印发〈关于引导农村土地经营权有序流转发展农业适度规模经营的意见〉的通知》（中办发〔2014〕61号）和农业部等六部委《关于认真做好农村土地承包经营权确权登记颁证工作的意见》（农经发〔2015〕2号）精神，扎实做好全省农村土地承包经营权确权登记颁证工作，经省委、省人民政府同意，现提出如下意见。

一、总体要求

（一）指导思想。认真贯彻落实党的十八大和十八届三中、四中全会精神，坚持和完善农村基本经营制度，保持现有土地承包关系稳定并长久不变，建立完善农村土地承包经营权确权登记颁证制度，依法赋予农民更加充分而有保障的农村土地承包经营权，引导农村土地经营权有序流转，发展适度规模经营，为促进农业现代化、推进新农村建设提供制度保障。

（二）主要任务。在农村集体土地所有权确权登记颁证的基础上，进一步完善承包耕地的确权登记颁证工作，着力解决承包地块面积不准、四至不清、空间位置不明、登记簿不健全等问题，把承包地块面积、合同、权属证书全面落实到户，实现土地承包经营权权属证书标准化、土地承包经营权登记制度化、土地承包经营权管理信息化、土地承包经营权确权登记成果档案管理规范化。

（三）工作目标。在开展试点的基础上，科学谋划，统一部署，分期分批，稳步推进。2015年，全省全面开展农村土地承包经营权确权登记入户摸底调查等前期准备工作，优先在有符合精度标准工作底图的60个县市区中选择基础条件好的48个县市区，开展农村土地承包经营权确权登记颁证整县推进工作；原则要求有影像图的市州至少完成一个县市区的整县推进任务；不具备条件的，每个市州至少完成一个乡镇的整乡推进试点任务。其余县市区分两年做好计划安排，2017年全面完成全省农村土地承包经营权确权登记颁证工作任务。

（四）基本原则。

——确保稳定。坚持和完善农村基本经营制度，确保现有农村土地承包关系稳定并长久不变，保持二轮土地承包合同起止年限不变。严禁借机违法调整和收回农户承包地。妥善解决历史遗留问题，避免产生新的矛盾，确保农村和谐稳定。

——依法规范。严格按照《中华人民共和国物权法》《中华人民共和国土地管理法》《中华人民共和国农村土地承包法》及《中华人民共和国农村土地承包经营权证管理办法》等法律法规和相关政策规定，开展确权登记颁证，确保登记成果完整、真实、准确。对确权登记颁证工作中出现的争议，法律政策有明确规定的，依法依政策进行调处；其他问题要在不违背法律政策精神的前提下，通过民主协商妥善处理。权属争议未解决的，不进行农村土地承包经营权确权登记颁证。

——群众主体。要充分依靠群众、尊重群众，发挥群众的主体作用。农村土地承包经营权确权登记颁证中的重大事项均应经本集体经济组织成员依法民主讨论决定，村组集体的土地承包经营权确权登记颁证方案，要在本集体经济组织成员内部充分讨论，达成一致，切实保障农民自主权利，不得强迫命令，不得顶替包办。

——分类指导。要统筹谋划，因地制宜，先易后难，先试点、后铺开，积极稳妥、规范有序地推进农村土地承包经营权确权登记颁证工作。

——分级负责。农村土地承包经营权确权登记颁证工作由省统筹部署，市州督促指导，县市区、乡镇组织实施。县乡两级是开展土地承包经营权确权登记颁证工作的关键主体。

二、主要内容

（一）明确确权范围。农村土地承包经营权确权登记颁证，主要对农村集体经济组织内部实行家庭承包经营的耕地全面进行确权登记颁证。对采取招标、拍卖、公开协商等其他方式承包的农村集体土地，各地要摸清底数，做好登记，加强管理。

（二）摸清承包现状。对农户土地承包经营权现状，包括土地承包台账、承包合同、承包农户家庭成员和承包地块、地类、地上附着物工程等信息进行全面调查；对现有农村土地承包合同、承包经营权证书等档案资料进行全面清查整理、组卷，按档案管理要求进行补建、修复和保全，摸清承包地现状，并创造条件，推进土地承包原始档案管理规范；对影响登记工作开展的突出问题要实行台账管理，制订处理预案；处理具体问题要尊重历史和现状，民主协商，依法依规，妥善处理。

（三）精确认定权属。在完成土地承包摸底调查、处理好现有土地承包纠纷的基础上，以已签订的土地承包合同、已发放的土地承包经营权证书和集体土地所有权确权登记颁证成果为主要依据，查清发包方、承包方等有关信息，填写承包方、发包方调查表；查清承包地块面积、四至和空间位置等信息，填写承包地块调查表，制作地块分布图，把发包方、承包方、承包地块调查清楚，把权属核实确认清楚。林权证与这次土地承包经营权确权登记存在交叉登记、重复登记的，应以《退耕还林条例》有关条款、土地承包合同、林地承包合同或土地（山林）纠纷最终处理文书为依据，依法进行登记。

（四）完善承包合同。根据权属调查公示确认的结果，按照规范的合同文本，针对不同情况，分别采取补签、重签、变更、解除、终止合同等方式完善土地承包合同。

（五）建立健全登记簿。依据土地承包合同，由县级人民政府农业农村（经管）部门建立健全统一规范的农村土地承包经营权登记簿，记载农村土地承包经营权的内容，做到登记内容完整规范，数据准确无误，图、表、册一致，人、地、证相符。依法开展土地承包经营权转让、互换、变更、注销等登记。

（六）健全颁证制度。完善农村土地承包经营权确权登记颁证管理规定，落实农村土地承包经营权确权登记颁证档案管理制度。在完成确权登记并通过省、市检查验收的情况下，根据农户申请，由县级人民政府适时颁发农村土地承包经营权证书。各地不具有农村土地承包经营权确权登记颁证权利的经济开发区等，按照属地管理原则，由所属市州的县级以上人民政府依法依规颁发农村土地承包经营权证书。承包经营权证书载明的户主或共有人，要体现男女平等的原则，切实保护妇女的土地承包权益。实行确权确股不确地的，也要向承包方颁发农村土地承包经营权证书，并注明确权方式为确权确股。为与不动产统一登记工作衔接，今后可按照“不变不换”的原则，承包农户可自愿申请、免费换取与不动产统一登记相衔接的证书。农村土地承包经营权证书由省农业农村工作部门统一组织印制。

（七）建立管理信息平台。农村土地承包经营权确权登记颁证数据和资料，以县市区为单位，由农业农村（经管）部门按照全省统一标准建立农村土地承包经营权确权登记颁证数据库和农村土地承包经营权登记业务系统，实现全省农村土地承包经营权管理信息系统互联互通，开展土地流转、土地承包经营纠纷仲裁、土地经营权抵押担保等管理服务，探索建立整合农村土地大数据应用服务、耕地整理和质量建设、测土配方施肥、农业种植适宜性评价、农业产业发展规划等管理系统。由省农委按照国家行业标准，建立省本级农村土地承包经营权确权登记颁证数据库和土地承包经营权登记业务系统。加强对农村土地承包经营权确权登记颁证成果保密管理，保护土地承包权利人的隐私。研究制定土地承包经营权登记业务系统与不动产登记信息平台的数据交换协议，与不动产登记信息平台实现信息共享。

三、工作方法

（一）确权登记颁证实施标准。全省农村土地承包经营权确权登记颁证严格按照农业部《农村土地承包经营权调查规程》《农村土地承包经营权确权登记数据库规范》《农村土地承包经营权要素编码规则》等标准实施。

（二）具体工作工骤。充分利用国土资源部门最新工作底图、“全国第二次土地调查”确权成果等土地调查资料和农村集体土地所有权确权成果，以农村土地一、二轮承包为基础，主要采取“三步工作法”。

第一步，摸底制图。开展入户摸底调查，即发包方、承包方、承包地块调查，形成摸底调查基本信息表；以农户目前实际承包耕作的丘块和土地二轮延包的原始登记承包数据为依据，在已有符合精度要求的影像图的基础上，形成确权登记工作底图。

第二步，调查指界。根据工作底图和摸底调查基本信息表，开展权属调查，根据调查情况填写发包方、承包方、承包地块调查表。利用地理信息测绘技术，查清承包地块现状及空间位置等信息。在工作底图上加工制作调查草图，结合现场指界确认，通过地理信息测绘技术计算承包地块面积，将承包地块面积、四至及空间位置等信息数据化。

第三步，公示确认。公示、勘误修正，公示开误后，由农户签章确认，制作地块分布图，形成规范的确权登记数据，完善承包合同，建立登记簿，开展资料整理归档。

四、保障措施

（一）加强组织领导。省委、省人民政府建立农村土地承包经营权确权登记颁证工作联席会议制度，由省委分管领导牵头，省人民政府分管副省长为总召集人，省人民政府分管副秘书长为召集人，省农委、省财政厅、省国土资源厅、省水利厅、省林业厅、省政府法制办、省档案局为成员单位，负责方案制定、政策研究、技术指导、组织协调、综合管理和考核验收。省联席会议办公室设在省农委。各市州、县市区都要成立专门工作班子，县市区实行党委、政府主要领导负责制，明确任务和职责，严格管理，狠抓落实，为农村土地承包经营权确权登记颁证工作任务顺利完成提供组织保障。

（二）准确把握政策。严格执行农村土地法律法规和相关政策规定，确保现有土地承包关系稳定并长久不变。按照中央要求，这次确权总体上要确地到户，从严掌握确权确股不确地的范围，坚持农地农用。根据各地实际，我省确权登记坚持确权确地为主。对城镇近郊区农民土地入股发展合作经济、农村土地整理规模较大、确地界限不明确、部分地方群众有意愿要求确权确股不确地的，在尊重群众意愿、坚持土地集体所有的前提下，也可以确权确股不确地。村民小组整组实行确权确股不确地的，需由县市区申报，市州审批并报省联席会议办公室备案；整村（居）实行确权确股不确地的，需由县市区申报，市州初审并报省联席会议审批；整乡（镇）实行确权确股不确地的，需由县市区申报，市州初审，报省人民政府批准后，由县市区人民政府负责实施。不允许整县（市、区）确权确股不确地。不得违背农民意愿，行政推动确权确股不确地，也不得简单地以少数服从多数的名义，强迫不愿确股的农民确股。农村土地承包经营权确权登记主要采用地理信息测绘技术开展地块测量，一般情况下不开展实地丈量。对于调绘面积大于二轮承包登记面积人，如四至清晰、承包权属没有争议，即据实登记，承包关系不变。对承包面积争议大、大多数群众要求实测的，实测面积经公示后据实登记。切实维护农村妇女的土地承包权益，把妇女的土地承包权落实到登记簿、经营权证书。鼓励农民在自愿前提下采取互换并地方式解决承包地细碎化问题。各类涉农惠农补贴暂不与这次确权登记面积挂钩。

（三）严格质量标准。坚持进度服从质量。各地要结合实际，统筹安排，科学把握进度，分期分批，积极稳妥推进。先抓试点，发现问题，及时研究解决办法，在总结经验的基础上，逐步扩大范围。

（四）抓好宣传培训。各地各有关部门要大力宣传农村土地承包经营权确权登记颁证工作的重要意义和相关法律法规政策，切实保障群众的知情权，调动群众参与的积极性。要充分发挥农村基层组织尤其是村组的作用，明确任务，强化责任，通过村民自治、民主协商、民主决策，解决农村土地确权登记颁证中的具体问题。把农村土地承包经营权确权登记颁证有关法律法规政策及基本操作流程纳入全省农村党员培训的重要内容。省重点培训市州、县市区业务骨干；市州、县市区抓好乡村业务骨干培训。

（五）落实资金保障。农村土地承包经营权确权登记颁证工作，不得向农民收取费用。为保障农村土地承包经营权确权登记颁证工作顺利进行，中央财政按每亩10元标准予以补助，省财政按1 ∶ 1配套，资金管理办法由省财政厅会同省农委制定。补助资金实行包干使用，专款专用，按工作进度分期拨付。中央和省财政补助后存在的经费缺口，纳入各地财政预算。各级财政要安排确权登记、档案等管理部门必要的工作经费，确保工作有序开展。

（六）明确部门职责。各地要按照中央和省委、省人民政府要求，建立健全党委政府统一领导、部门分工协作、群众广泛参与的工作机制，统筹协调，密切配合，提高效率，合力推进。农业农村工作部门承担牵头职责，负责政策研究、综合协调、组织实施和工作指导；财政部门负责统筹专项经费安排和使用监管；国土资源部门负责免费提供1 ∶ 2000正射影像图或最新符合精度要求的工作底图（线划图）、农村集体土地所有权确权登记等成果资料，并配合做好农村土地承包经营权确权登记颁证与不动产登记工作的有效衔接；法制工作部门负责提供法律法规服务，保障农村土地承包经营权确权登记颁证工作依法推进；档案部门负责指导建立档案管理制度，做好农村土地承包经营权确权登记颁证资料归档管理指导工作，加强各级档案归属、流向的统筹；宣传、公安、民政、林业、水利、司法、信访、妇联等部门按职责依法做好土地纠纷调处及相关服务工作。

（七）严格督查考核。将农村土地承包经营权确权登记颁证工作纳入全省深化改革的重要内容，强化省、市州相关部门和县市区主要领导责任。按照地方全面负责的要求，建立健全农村土地承包经营权确权登记颁证工作情况报告、监督检查和成果验收制度，认真落实农村土地承包经营权确权登记颁证工作进展情况定期上报制度，建立定期督查通报制度，建立健全农村土地承包经营权确权登记颁证工作完成情况逐级报告制度，及时发现和处理问题。认真落实农业部《农村土地承包经营权确权登记颁证成果检查验收办法（试行）》，切实抓好确权登记颁证成果验收。确权登记颁证督查工作由县市区组织自查，市州组织核查，省、市州定期督查和随机抽查，省级组织验收。

（八）完善农村土地承包管理体系。以农村土地承包经营权确权登记颁证数据库建设为平台，加紧建立健全土地流转服务体系、土地承包经营纠纷仲裁体系、农村集体资产管理服务体系。充分利用农村土地承包经营权确权登记成果，尽快开展面向社会公众、面向市场的高效便民服务，促进土地经营权规范有序流转。加强农村经营管理体系队伍建设，认真研究解决基层农村土地承包管理机构、人员编制、工作经费等问题，切实把土地承包、土地流转、土地纠纷调处等事关民生的公益性服务落到实处。

湖南省农村土地承包经营权确权登记颁证工作联席会议办公室文件

湘确权办〔2018〕3号

关于开展农村承包地确权登记颁证成果应用试点的通知

各市州、县市区农村土地承包经营权确权登记颁证联席会议或领导小组办公室：

为巩固农村承包地确权登记成果，用好用活确权登记成果数据，创新推动农村土地“三权分置”改革，有效实施乡村振兴战略。经研究，决定在全省分期分批开展县级确权登记成果数据应用分类试点，拓展农业大数据综合效应，促进现代农业发展和农村和谐繁荣。现将有关事项通知如下。

一、充分认识确权登记成果应用试点的意义

2013年以来，各地扎实稳步有序推进农村承包地经营权确权登记颁证工作，有效解决了农村承包地四至不清、空间位置不明、面积不准、登记资料不完整等问题，基本形成了县级农村承包地确权登记成果数据。农业部有关文件要求，加快农村承包地确权登记成果应用，积极探索土地承包合同变更登记机制，及时整改农村土地承包关系中遗留的证簿不符、证实不符等问题，推动农业适度规模经营、涉农补贴发放、新型农业经营主体融资等工作。实践证明，搞好农村承包地确权登记颁证成果应用是提高农业适度规模经营效益的重要前提，能有效实现土地承包合同和流转合同网签备案、土地流转监管、承包纠纷调解仲裁等业务数据与确权成果数据共享和协同管理。探索和实践农村承包地确权登记颁证成果应用，是农村承包地经营权抵押贷款、承包地有偿退出、农村土地互换并地等改革创新的有效支撑。巩固和运用农村承包地确权登记颁证成果，有利于实行农村土地承包经营权流转规范化管理服务，有利于加强工商资本进入农业农村领域的风险防范监管，有利于农民承包地权益保护，是推进农村土地“三权分置”改革、落实农村土地“二轮”承包期到期后再延长30年政策、全面深化农村综合改革和实施乡村振兴战略的重要基础，对加快现代农业发展和新农村建设有着非常重要而深远的现实意义。

二、积极开展农村承包地确权成果应用试点

已完成农村承包地确权登记颁证任务或具备条件的县市区，要按照《关于引导农村土地经营权有序流转发展农业适度规模经营的意见》（中办发〔2014〕61号）、《关于开展农村土地承包经营权确权登记颁证工作的意见》（湘办发〔2015〕37号）和《关于完善农村土地所有权承包权经营权分置办法的实施意见》（湘办发〔2017〕48号）文件要求，以促进农村综合改革、积极实施乡村振兴战略为导向，与农村承包地确权登记成果信息应用平台数据对接，开展确权登记成果拓展应用试点，探索创新确权登记成果数据应用试点经验，为全省稳步有序推进农村土地流转、促进农业适度规模经营，加快农业现代化提供科学借鉴和论证。

1、农村土地承包经营权信息应用管理平台互联互通试点。试点县为道县、宁远县、衡阳县、武冈市、双峰县；主要任务：推进农村承包地权属信息管理信息化，实现省、市、县、乡四级以及与不动产统一登记、抵押担保贷款配套服务机制建设等相关业务的确权数据运用、互联互通和信息共享。

2、农村土地承包经营权有偿退出机制试点。试点县为溆浦县；主要任务：创新探索农村承包地块细碎化问题的有效解决途径，引导已进城落户的农户自愿有偿退出其承包地，发展多种形式适度规模经营，不断促进农业增效和农民增收。

3、农村承包地经营权抵押贷款配套服务机制建设试点。试点县为汉寿县、桃江县、慈利县、双峰县、新田县、洞口县、

岳阳县、沅陵县；主要任务：按照政策要求，积极拓展试点广度和深度，进一步深化农村承包地的经营权抵押贷款配套服务机制建设试点，推动解决各类农业经营主体融资贷款难问题，充分显示确权成果运用在落实承包土地的经营权抵押贷款配套服务机制建设中的基础性和建设性作用。

4、农村土地经营权流转规范化管理服务体系建设试点。试点县为岳麓区、衡南县、常宁市、攸县、韶山市、邵阳县、岳阳县、澧县、安乡县、慈利县、桃江县、赫山区、安仁县、道县、新田县、溆浦县、新晃县、双峰县、涟源市、保靖县；主要任务：探索县乡村三级农村土地经营权流转规范化管理服务体系建设中的土地流转审批、签订规范合同、流转合同网签、流转合同鉴证、流转合同审查、政府购买服务等信息网络化管理服务与农村承包地确权登记颁证成果数据有效对接机制，加强工商资本监管，防范土地流转风险，规范土地流转管理制度，促进现代农业加快发展。

5、农村土地承包纠纷调解仲裁工作体系及仲裁能力全面提升试点。试点县为石门县、衡阳县、道县；主要任务：利用已形成的农村承包地确权登记颁证成果数据，高效开展农村土地承包纠纷调解仲裁工作，完善仲裁制度，提高仲裁能力，提升工作效率，改善农村土地流转环境，夯实现代农业发展基础，维护农村社会和谐稳定。

三、切实加强确权登记成果应用组织保障

各地要按照中央和省委、省政府文件精神，加强组织领导，强化推进措施，确保政策落地，切实抓出实效。**一要强化改革意识**。以实施乡村振兴战略为指引，结合农村土地“三权分置”改革、农村集体产权制度改革等主体工作，抓好确权改革成果运用载体建设，提高思想认识，转变改革观念，强化推进意识，加强改革成果转化。**二要出台政策措施**。结合农村综合改革实际，坚持问题导向，研判改革形势，细化改革任务，出台政策措施，制定实施方案；方案要密切关注改革实践中出现的新情况新问题，着力探索改革经验。**三要强化保障机制**。各地要在全面完善农村承包地确权成果数据的基础上，依托各级项目整合资金，加强县级经费配套保障，积极搭建确权成果综合应用平台，加快确权成果转化应用，积极夯实现代农业建设基础。**四要加强指导培训**。各市州要严把政策要求，加强督查考核和总结推广，充分利用改革试点机遇，扩大试点范围，引导其他县市区积极跟进，推进改革试点常态化、多元化。认真探索确权登记成果在新型农业经营主体发展、农业保险、农业规划、涉农补贴、生态保护治理、农田基础设施建设等方面的科学统筹应用，推动确权登记成果数据红利多方位释放，让农村承包地确权登记成果服务好农村改革发展，实现确权登记成果应用效益最大化。同时要根据工作需要，结合上级培训要求，加强

业务能力提升，自行组织好培训学习。**五要明确试点要求**。改革试点为期1年，时间自发文之日起计算。各试点县市区以经管部门为主抓紧制定实施方案，经市州经管部门审查把关后，于5月30日前以县市区人民政府公文形式上报省确权办。试点工作总结分别在9月30日和2019年3月30日前上报，内容包括试点进展情况、主要做法、主要成效、存在的问题及建议等。省确权办将不定期对试点情况进行督查跟踪问责，确保改革试点取得实效。

联系人：省确权办李朝辉，0731—82283646（兼传真），电子邮箱：1085696908@qq.com。

湖南省农村土地承包经营权确权
登记颁证工作联席会议办公室
2018年3月27日

第十一章　法律、法规及政策文件（存目）

[1]《中华人民共和国物权法》

[2]《中华人民共和国合同法》

[3]《中华人民共和国村民委员会组织法》

[4]《国务院批转农业部关于加强农业承包合同管理意见的通知》（国发〔1992〕52号文件）

[5]《中共中央关于推进农村改革发展若干重大问题的决定》

[6]《中共中央　国务院关于切实加强农业基础建设进一步促进农业发展农民增收的若干意见》（中发〔2008〕1号）

[7]《中共中央　国务院关于2009年促进农业稳定发展农民持续增收的若干意见》（中发〔2009〕1号）

[8] 农业部　财政部　国土资源部　中农办　国务院法制办　国家档案局《关于开展农村土地承包经营权登记试点工作的意见》（农经发〔2011〕2号）

[9] 农业部办公厅关于印发《农村土地承包经营权登记试点工作（试行）》的通知（农办经〔2012〕19号）

[10]《中共中央关于全面深化改革若干重大问题的决定》

[11] 农业部　财政部　国土资源部　中农办　国务院法制办　国家档案局《关于确定2013年全国农村土地承包经营权登记试点地区的通知》（农经发〔2013〕1号）

[12] 湖南省人民政府农村工作办公室等八部门《关于开展农村土地承包经营权确权登记颁证试点工作的意见》（2014年5月）

[13] 关于印发《永州市农村土地承包经营权确权登记颁证试点工作方案》的通知（永农地流转〔2014〕1号）

[14]《永州市人民政府关于加快全市农村土地流转服务平台建设的意见》（永政办发〔2014〕17号）

[15]《湖南省农村土地承包经营权确权登记颁证操作规范（试行）》（湘确权办〔2015〕5号）

[16]《中共湖南省委办公厅　湖南省人民政府办公厅关于开展农村土地承包经营权确权登记颁证试点工作的意见》（湘办发〔2015〕37号）

[17] 财政部关于印发《中央财政农民专业合作组织发展资金管理暂行办

法》的通知（2004年7月16日）

[18]《中共永州市委永州市人民政府关于加快推进农村土地流转的实施意见》（永发〔2013〕18号）

[19] 湖南省农业委员会关于印发《湖南省农村土地经营权流转交易市场运行规范（试行）》的通知（湘农发〔2016〕237号）

[20] 国务院办公厅《关于引导农村产权流转交易市场健康发展的意见》（国办发〔2014〕71号）

后 记

沐浴新时代的春风，伴随乡村振兴的凯歌，能将《农村承包土地的经营权抵押贷款（试点）工作指南》编印成册献给大家，我们倍感欣慰。

在新田县委、县政府的领导下，于2016年8月成立《农村承包土地的经营权抵押贷款（试点）工作指南》编委会，组成了编写小组。为了获得翔实的资料，整个编写小组的工作人员各司其职，做了大量而细致的调研工作。先后深入全县各乡镇村实地考察当前“三农”工作的状况，记录了工作日记1 398篇，撰写了涉农调研报告128份；组织农改工作人员认真研读了改革开放近四十年来党中央颁发的系列法律法规和政策文件，组织全县各乡镇村农改工作人员进行专业培训36场（次），参培人员累计达2 326人，印发宣传资料4 688份（张）；由新田县经管局和土地流转中心牵头，与本县中国人民银行、农商银行、邮政储蓄银行、工商银行、建设银行、长沙银行、农发行、光大银行等八家金融机构和中华财产保险公司紧密合作，多次召开联席会议，商讨并部署关于农村承包土地经营权流转及抵押贷款试点工作；巧借“他山之石”，内化外地经验，有效促进了新田县试点工作稳步发展。

《农村承包土地的经营权抵押贷款（试点）工作指南》在编写过程中，深得新田县委、县政府领导的关心和支持，县委书记唐军欣然为本书作序。与此同时，新田县多家金融机构也鼎力相助，为本书成功编写提供了许多宝贵资料。本书是“南有新田，奋勇争先”智慧的结晶，在实际工作中能给广大农村工作者提供一定的帮助，就是我们的期盼。

《农村承包土地的经营权抵押贷款（试点）工作指南》成书之际，我们真诚地向所有关心、支持、帮助本书编印的各级领导和同志们表示衷心感谢！

由于水平有限，加之时间仓促，错误疏漏之处在所难免，敬请广大读者批评指正。

编　者

2018年9月